AF522756

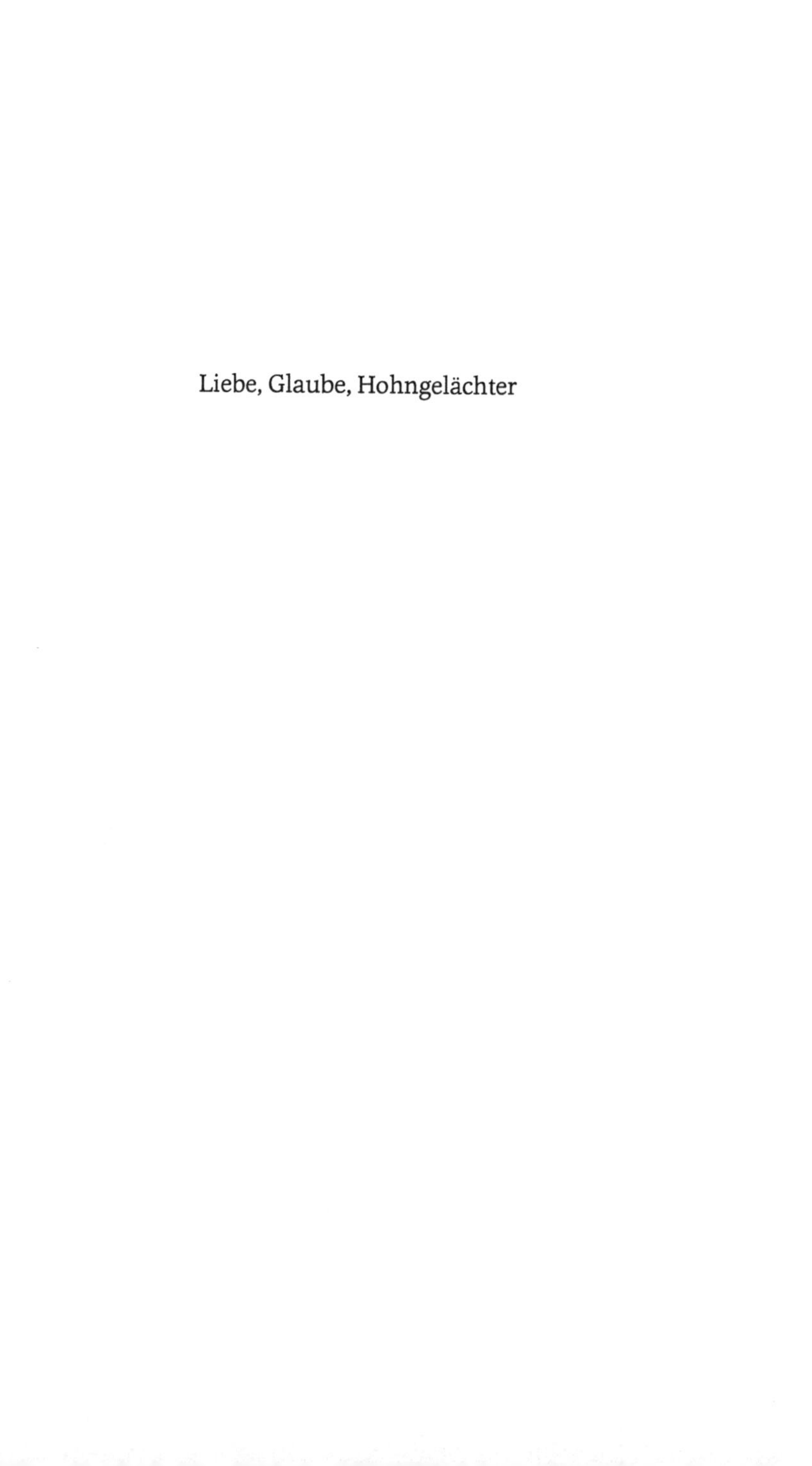

Liebe, Glaube, Hohngelächter

JAN OFF

LIEBE, GLAUBE, HOHNGELÄCHTER

KURZGESCHICHTEN

Jan Off war mal irgendwo und hat dort flüchtig jemanden kennengelernt, der beinahe was erlebt hätte. Dieses Ereignis wirkt bis heute nach. Im Ventil Verlag erschienen von ihm unter anderem die Titel »Vorkriegsjugend«, »Ausschuss«, »Angsterhaltende Maßnahmen«, »Offenbarungseid«; »Unzucht«, »Klara« (zusammen mit Dirk Bernemann und Jörkk Mechenbier) und zuletzt der Roman »Nichts wird sich niemals nirgendwo ändern«.

1. Auflage Dezember 2021
ISBN 978-3-95575-160-9

Korrektorat: Roland Tauber
Emojis: Noemi Giersch
Illustration Seite 125: Max Roßner
Covergestaltung und Satz: Oliver Schmitt

Ventil Verlag, Boppstr. 25, 55118 Mainz
www.ventil-verlag.de

INHALT

ALLZU COURAGIERTE ARIER BLUTEN

(eine Geschichte von exakt 1312 Wörtern Länge)

Mücke brauchte keine Drogen. Er berauschte sich an sich selbst, genauer: an seinem messerscharfen Verstand und seiner Zungenfertigkeit. Bei mir sah das deutlich anders aus. Ich betäubte meinen Verstand gern mal mit einer Messerspitze Meskalin oder größeren Mengen anderer Substanzen.

Demgemäß war, was die Rollenverteilung anging, keinerlei Diskussion vonnöten, als wir uns am Ende dieses kleinen, dreitägigen Elektro-Festivals wieder Richtung Heimat aufmachten. Mücke fuhr. Ich dämmerte auf dem Beifahrersitz, kämpfte die letzten Halluzinationen nieder und träumte von einer eiskalten Orangenlimonade.

Als das Fahrzeug, das eben noch über die Landstraße geschossen war wie ein Raumgleiter, unvermittelt seine Geschwindigkeit verringerte, dachte ich im ersten Moment, wir würden eine Tankstelle ansteuern. Ich sah den Verkaufsraum schon vor mir, den Kühlschrank, die Getränke.

Ein kurzes Öffnen der Lider verriet jedoch weniger Erfreuliches: Uns erwartete eine großangelegte Polizeikontrolle, wie sie im Umfeld von musikalischen Outdoor-Veranstaltungen beinahe schon Alltag geworden ist. Ein Mosaik aus blauen Uniformen und rot-weißen Warnhütchen zwang uns auf einen Parkplatz, eine rot-weiße Kelle zeigte uns die Stelle, an der wir zu halten hatten.

»Diggi, jetzt amüsieren wir uns ein bisschen«, sagte Mücke und präsentierte sein bestes Joker-Lächeln.

Ich dachte daran, dass gerade noch Fledermäuse mit Hipsterbart und Hornbrille in meinem Schädelinneren herumgeflattert waren, und war mir nicht sicher, ob ich »ein bisschen« Amüsement à la Mücke gebrauchen konnte. Da näherte sich auch schon ein Uniformierter und wies meinen Chauffeur mit einer Handbewegung an, das Fenster herunterzulassen. Dann kam das Übliche: »Allgemeine Verkehrskontrolle. Den Führerschein und die Fahrzeugpapiere bitte«, sagte der Bulle mit dieser unangenehmen, weil naturgemäß überheblichen Mischung aus Selbstbewusstsein und Strenge, wie sie Amtspersonen häufig eigen ist.

»Papiere?« Mücke bückte sich, fischte ein benutztes Tempotaschentuch aus dem Fußraum und sagte: »Das dürfte alles an Papier sein, was sich im Wagen befindet.«

Wie zu erwarten, war der Staatsdiener auf derlei Nonsens nicht vorbereitet.

»Was? Wie bitte?«, stammelte er.

»Ach Quatsch, Moment.« Mücke zog einen alten, wahrscheinlich unbezahlten Strafzettel aus der Türablage. »Hier ist auch noch was. Sammeln Sie Altpapier für wohltätige Zwecke?«

Der Bulle, ein junger Typ mit ehrgeizigem, aber nicht unsympathischen Gesicht, verlor unüberhörbar an Laune.

»Wollen Sie mich für dumm verkaufen?«

»Gott bewahre«, entgegnete Mücke »ich bin doch kein Menschenhändler. Menschenhandel ist verboten. Davon ab: Wenn ich etwas verkaufe, dann nicht für dumm beziehungsweise für umme, wie es eigentlich heißt, denn das wäre ja eine Schenkung und kein Verkauf, sondern für einen angemessenen Betrag. Geld, Schotter, Patte. Sie verstehen? In Ihrem Fall vielleicht nicht unbedingt für ein Vermögen, aber doch wenigstens für den Gegenwert einer Schachtel Heftzwecken.«

Der Bulle war kurz davor, aggressiv zu werden, riss sich aber noch mal zusammen.

»Wenn Sie mir einfach den Fahrzeugschein geben würden.«

Mücke machte große Augen und rieb sich das Kinn: »Ach, den. Tut mir leid, den habe ich nicht dabei.«

»Aha.« Der Bulle brachte Formularblock und Kuli zum Vorschein und machte eine Notiz.

»So, dann bitte noch den Führerschein.«

»Führerschein? Ist das ein Zwanziger mit dem Konterfei Adolf Hitlers auf der Rückseite? Wollen Sie, dass ich Sie besteche?«

»Die Fahrerlaubnis.« Der Ordnungshüter bekam einen leichten Silberblick.

Wer nun glaubt, Mücke hätte sich weitere schikanöse Wortspiele ausgedacht (etwa: »Fahrerlaubnis? Von wem? Vom Führer? Vom lieben Gott? Oder von dem, der mit dem Laub tanzt?«), der irrt. Mücke war raffiniert. Er wusste, dass der nächste Schlag umso härter trifft, wenn man den Gegner kurz in Sicherheit wiegt. Und so sagte er nur: »Die Fahrerlaubnis? Die liegt zu Hause. Im Kühlschrank, neben der Avocadobutter.«

Wie zu erwarten, hatte der Bulle plötzlich Oberwasser. Ein weiterer Vermerk auf seinem Zettel, dann kam er hiermit: »Wenn Sie bitte aussteigen und mich einen Blick in den Kofferraum werfen lassen würden. Warndreieck und Verbandskasten hätte ich gern noch gesehen.«

Mücke machte keinerlei Anstalten, diesem Ansinnen Folge zu leisten. Vielmehr lehnte er sich zurück und sagte genüsslich: »Der Begriff *Verbandskasten* ist eine Dopplung beziehungsweise ein Widerspruch in sich.«

»Entschuldigung, was meinen Sie?«

»Die Ausdrücke *Verband* und *Kasten* beziehungsweise *Verbände* und *Kasten* bezeichnen jeweils Zusammenschlüsse von Personen. Es gilt allerdings: Eine Kaste ist immer ein Verband; ein Verband dagegen muss nicht zwingend eine Kaste sein.«

»Hä?«

»Vergleichbar etwa dem Begriff *Bullenschwein.* Ein Bulle kann durchaus ein Schwein sein, also im übertragenen Sinne, ein Schwein aber nie ein Bulle.«

»Den Verbandskasten!«

»Ich sagte doch gerade, dass ...«

Der Mann in Uniform, besser: der Mann *hinter* der Uniform schrie nun endlich: »Diese kleine Kiste aus Plastik. Diese kleine Kiste, in der sich Verbandsmaterial und andere wichtige Dinge zur medizinischen Erstfallversorgung befinden.«

»Die ist nicht da.«

Hörbares Ausatmen, gefolgt von einem fast schon erfreuten: »Gut. Sehr gut.«

Die Stimmung auf Seiten der Ordnungsmacht stieg offenbar wieder an. Noch einmal wurde der Kugelschreiber geschwungen, dann erfolgte die in den Augen des Fragestellers wahrscheinlich finale Attacke: »Haben Sie Alkohol getrunken?«

»Aber Herr Wachtmeister, was reden Sie da? Sie wissen das vielleicht nicht, aber das Führen von Fahrzeugen unter Alkohol-, wie übrigens auch unter Drogeneinfluss, ist brandgefährlich und außerdem verboten, was wiederum, wenn ich ihre Frage bejahen würde, nur zwei Möglichkeiten zuließe: Entweder habe ich nur ein bisschen genippt, also im medizinischen wie rechtlichen Sinne dann doch nicht getrunken, oder ich habe mich brutal volllaufen lassen. Denn wie sonst käme ein vernunftbegabter und moralisch gefestigter Mensch, der nicht nur das Fachabitur und die Seepferdchen-Prüfung bestanden, zwei Jahre als Organist in der Martinikirche gedient und seine Frau Mama (Gott hab sie selig) dreimal wöchentlich zur Dialyse kutschiert hat, auf die Idee, jede Achtung vor dem Gesetz fahren zu lassen?«

»Haben Sie nun oder haben Sie nicht?« Es hatte den Anschein, als wäre die Unterlippe des Büttels von einem leichten Zittern befallen.

Mücke machte eine lange Pause, wie ein Messerwerfer vor dem letzten, dem gefährlichsten Kunststück, dann sagte er: »Nein.«

Zum zweiten Mal atmete der Bulle spürbar auf. Aber seine Erleichterung war verfrüht. Denn noch während er erneut mit seinem Kugelschreiber herumfuhrwerkte, schwang sich Mücke aus dem Auto, zog die Jogginghose auf halb acht, brachte seinen unbestreitbar ansehnlichen Fleischpenis mit der Sigmund-Freud-Tätowierung zum Vorschein und rief in hellstem Glockenklang: »Wäre nun nicht aber auch eine Drogenkontrolle fällig? Ein Teststreifen, den mein Harn zu Kunst veredeln könnte. Oder darf ich doch noch das Warndreieck zur Anschauung bringen?«

Er tat, behindert vom herabgelassenen Beinkleid, ein, zwei Hüpfer, aber der Cop trat ihm in den Weg.

»Sie packen das sofort wieder ein!«

»Aber das Warndreieck. Das ist doch wichtig. Wenn man mal zum Stehen kommt, weil irgendetwas Unvorhergesehenes die Fahrbahn blockiert. Ein brennender Wasserwerfer etwa.«

»Nein«, sagte der Bulle, »Nein. Sie packen das jetzt wieder ein. Und dann fahren Sie. Sofort.« Er wirkte hysterisch. Und es hätte mich nicht gewundert, wenn er Kollegen zur Verstärkung herbeigerufen oder gar die Schusswaffe gezogen hätte. Aber nichts davon geschah.

Mücke zögerte kurz, zog dann aber die Hose zurück bis zum Bauchnabel – reichlich lasziv, wie ich fand – und nahm wieder hinterm Steuer Platz.

»Na, dann frohes Schaffen und nicht vergessen: Allzu couragierte Arier bluten«, sagte er, kurbelte die Scheibe hoch und fuhr langsam an.

Der Bulle sagte nichts. Er ließ stattdessen eine Träne sprechen, die ihm langsam, fast wie in Zeitlupe, die Wange hinabrann.

Ich dachte derweil an meine Orangenlimonade. Vielleicht mit Campari. Nein, ganz sicher mit Campari.

FIESTA MEXICANA

»Ich wünschte, du wärst tot. Dann könnte ich auf dein Grab spucken«, schrie sie, mit einem Blick, als hätte man ihr in die linke Pupille die Buchstaben HA und in die rechte ein Doppel-S tätowiert. Und mich befiel nicht zum ersten Mal in den letzten Wochen die Sorge, ich könne nachts von dem Schmerz geweckt werden, den nur ein Steakmesser im Unterleib hervorzurufen vermag.

Wir hatten schon immer viel gestritten. Aber seitdem sie im Homeoffice war, waren aus Wut Ekel, aus Impulsivität Dauerfeuer und aus Leidenschaft Vernichtungswille geworden. Das Thema war immer dasselbe: Sie wollte unbedingt ein Kind, ich wollte unbedingt keins. Ich hatte diesen Wunsch Zeit meines Lebens nicht verspürt, ja, noch nicht mal nachvollziehen können. Aktuell erschien er mir geradezu absurd. Aber mit diesem Argument durfte ich ihr nicht kommen. Wie ohnehin jedes Argument längst aufgebraucht war. Denn natürlich gibt es in dieser Frage keine Kompromisse, kannst du nicht mal eben ein halbes Kind zeugen oder eins, für das du nach zwei Jahren die Verantwortung wieder abgibst. Und genau das war mein Problem. Diese immerwährende, ein Leben lang andauernde Verantwortung. Dein Sohn ein Nazi? Deine Tochter eine Enkeltrick-Betrügerin? Egal, fahr in den Knast und bring ihnen Filterkaffee und Stopftabak mit. Und Zuneigung natürlich.

In meiner Verzweiflung hatte ich ihr schon vorgeschlagen, dass sie doch ein Kind mit einem andern machen könne und wir danach trotzdem als Paar ... (#verantwortung), aber auch das hatte eine massive Eskalation zur Folge gehabt. Denn für sie war ein Kind unabdingbar an die Liebe gebunden, wie auch andersherum die Liebe unabdingbar ein gemeinsames Kind erforderte, *mindestens* eins.

Früher hatte es wenigstens Pausen gegeben, hatten wir nach der Schlacht und dem darauffolgenden, teils tagelangen Anschweigen immer wieder zueinandergefunden. Verdrängen fällt ja nur allzu leicht, wenn Begierde und gegenseitige Faszination regieren. Versöhnungssex interessierte uns dabei nicht. Wir hatten auch so Sex genug. Wenn wir nicht gerade im Schützengraben verharrten, konnten wir die Finger selten länger als einen Tag voneinander lassen. Ein Segen, der schnell zum Fluch geworden war. Denn nun waren wir 24/7 auf uns selbst zurückgeworfen, war das Belauern am Stacheldrahtverhau, war das Leben im Minenfeld der Dauerzustand.

Sie hatte sich angewöhnt, nur noch in BH und Leggins durch die Wohnung zu laufen. Und so wie dieser Anblick mich noch vor Wochen maximal angeturnt hätte, löste er jetzt einzig Abscheu und Gereiztheit aus. Gestern schier irre vor Lust, heute ein Irrer mit Frust. Aber auch ich ließ mich gehen, duschte höchstens alle drei Tage, rasierte mich nur noch, wenn die Bartstoppeln beim Kontakt mit dem Kragen meiner Trainingsjacke (die mir zur zweiten Haut geworden war) ein unangenehmes Ziepen hervorriefen.

»Du siehst aus wie ein Penner«, sagte sie eines Abends, nachdem sie für den Bruchteil einer Sekunde von ihrem Notebook aufgeblickt hatte, weil mein Versuch, mir unbemerkt ihr Feuerzeug zu angeln, dann doch nicht unbemerkt geblieben war.

Ich war kurz davor zu erwidern, dass sie eben diesen Penner zum Vater ihres ungeborenen Kindes auserkoren hatte. Aber zum Glück verkniff ich mir auch das. Vielleicht weil mich ihre kleinen, fleischigen Zehen ablenkten, die sie auf dem Couchtisch geparkt hatte. Vor nicht allzu langer Zeit hatte ich ihre Füße niedlich gefunden, jetzt ließen sich mich an eine Bauerstochter denken, die in einem Gärbecken Trauben stampft.

Die wenigen Momente, in denen ich das Haus verließ, erschienen wie Ausflüge ins gelobte Land. Und wenn ich beim Einkaufen mal wieder etwas länger vor der Supermarktpforte oder an der Kasse anstehen musste, verspürte ich keine Ungeduld. Im Gegenteil. Oft genug ertappte ich mich dabei, wie ich auch auf dem Rückweg noch Zeit zu schinden versuchte, ganz egal, wie schwer die Tüten waren. Ein kleiner Umweg hier, ein kurzer Blick ins Schaufenster dort. Aber am Ende wartete stets die Fußmatte auf mich, diese unsäglich hässliche Fußmatte mit der *VIP-Lounge*-Beschriftung, die sie zum gemeinsamen Hausstand beigesteuert hatte. Danach blieb zwischen Himmel und Hölle nur noch die kurze Sekunde, in der sich der Schlüssel in den Zylinder schob. Als müsstest du dir die Tür zur eigenen Gefängniszelle selber aufschließen.

Die Zeit, die sie für ihre Besorgungen aufwandte, verriet mir, dass es ihr nicht anders ging.

Hin und wieder fielen wir trotz allem noch übereinander her. Mit mindestens 1,2 Promille in der Blutbahn und einem Maximum an Engagement. Aber es waren keine romantischen Motive, die uns antrieben. Es ging um den Wunsch zu herrschen, dem anderen süße Qualen zu verabreichen, es ging auch hier wieder nur um Sieg oder Niederlage.

Erfreulicherweise gab sie, wenn sie dann einschlief, keinerlei Geräusch von sich. Eine Leiche hätte nicht flacher atmen können. Dafür besaß sie die Angewohnheit, sich derart abrupt umzudrehen, dass ich, wenn ich selbst noch nicht tief genug ins Reich der Träume hineingefunden hatte, sofort wieder hellwach war. Früher hatte mich das nicht gestört. Jetzt hätte ich sie für diese Angewohnheit ohrfeigen können.

Zumeist lag ich allerdings – so ich mich nicht total wegschoss (wofür es deutlich mehr als 1,2 Promille brauchte) – ohnehin stundenlang wach, malte mir aus, wie köstlich es wäre, sie endlich zu verlassen. Spätestens nach dem Aufstehen waren diese Pläne jedoch wieder Geschichte, erging es mir wie dem DDR-Bürger, der ohne Unterlass vom Grenzübertritt träumt, am Ende aber immer wieder von seiner Angst vor einer Kugel oder einem längeren Aufenthalt in Bautzen zurückgehalten wird.

Unter anderen Umständen hätte ich die Kraft für den endgültigen Bruch vielleicht aufgebracht. So war ich derart antriebslos, ja, regelrecht gelähmt, dass es mir noch nicht mal gelang, das Netz nach Wohnungsanzeigen zu durchforsten. Der Umzug, der Möbelkauf, das Einrichten eines neuen Heims, das alles überstieg – auch mit Blick auf die wirtschaftliche Katastrophe, die uns erwartete – komplett mein Vorstellungsvermögen. Sie fühlte wohl ähnlich. Jedenfalls ließ auch sie nichts erkennen, was ich als Veränderungswillen hätte deuten können.

Und so machten wir weiter, wie zwei Ratten, die man auf ein Floß gesetzt und Richtung offenes Meer hatte treiben lassen.

»Auch schon wach, du versoffenes Arschloch«, sagte sie, ohne mich dabei eines Blickes zu würdigen.

Ich schlurfte an ihr vorbei zum Kühlschrank, um nachzusehen, ob noch Bier da war.

Traute Zweisamkeit im Schatten der Pandemie.

SEX UND GELD

(die Schaffenskraft entstören, Störfaktoren schaffen)

Ich latsche an irgendeinem Buchladen vorbei und muss beim Blick ins Schaufenster einmal mehr zur Kenntnis nehmen, dass es nicht wenige Schriftsteller gibt, die deutlich mehr Bücher verkaufen als ich selbst. Wie kann das sein, wo ich doch wesentlich besser zu schreiben verstehe?

Zu Hause analysiere ich diesen Missstand und stelle fest, dass nahezu alle Erfolgsautoren schwer einen an der Marmel haben (wie mein alter Freund Mettmann stets zu sagen pflegte), also gehörig einen an der Waffel beziehungsweise mächtig einen an der Klatsche: Alkohol- und Drogensucht, kindliche Traumata, Zwangsstörungen. Ich bin dagegen vergleichsweise gesund. Das muss (s)ich ändern. Und zwar schnell.

Als erstes schneide ich mich von der Außenwelt ab. Ich zerstöre die Türklingel (mit einem handelsüblichen Hammer), mein Handy und den Router (beides mit einem handelsüblichen Stiefelabsatz). Denn wer einsam ist, hat naturgemäß deutlich mehr Zeit, sich dumme Gedanken zu machen.

Und tatsächlich dauert es keine vierundzwanzig Stunden, bis der Verzicht auf Facebook, Instagram und Co. erste Entzugserscheinungen aufkommen lässt. Ich bekämpfe diesen Zustand mit einer Mischung aus Psychopharmaka, Pep (beides aus dem Darknet) und Alkohol (aus dem Discounter). Angenehmer Nebeneffekt: Die Gespräche mit Nachbarn reduzieren sich deutlich (irgendwas in meinem Gebaren schreckt die anderen Hausbewohner ab). Wenn ich doch mal in die Verlegenheit komme, eine Unterhaltung zu führen (etwa mit einem Kioskverkäufer), tue ich so, als ob ich stottern müsste. Bald schon muss ich noch nicht mal mehr so tun.

Auch sonst lassen meine Körperfunktionen rapide nach. Aber das genügt noch nicht. Es braucht mehr. Zum Beispiel eine veritable Neurose. Ich versuche, mir einen Waschzwang zuzulegen. Aber das dauernde Duschen und Händewaschen kostet nicht nur wahnsinnig viel Zeit, Zeit, die doch weit sinnvoller mit der Einnahme von Stechapfel, Bilsenkraut und Tollkirsche genutzt werden könnte (alles über den Sohn einer Bekannten organisiert, der seine Freizeit bei den Pfadfindern verbringt), sondern vermittelt auch noch ein unerwünschtes Gefühl von Reinlichkeit. Ich schwenke deshalb komplett um und beschließe, mich gar nicht mehr zu waschen und auch meine Klamotten nicht mehr zu wechseln. Was das Schneiden von Finger- und Fußnägeln angeht, verfahre ich entsprechend. Denn nur am Grund der verderblichsten Kloake vermag sich dieser so kostbare Sternenstaub zu bilden, ohne den keine Weltkunst gedeiht.

Danach werde ich im Treppenhaus endlich vollständig ignoriert und an der Kasse des Discounters zumeist vorgelassen. Dort kaufe ich irgendwann nur noch Erdnusslocken und Hochprozentiges. Kurz denke ich darüber nach, auf Lichtnahrung umzustellen. Aber *Licht* klingt schon wieder zu gesund, also kontraproduktiv. Vielmehr scheint es geboten, der Dunkelheit die Hand zu reichen. Und so entsorge ich nicht nur sämtliche Glühbirnen (auf dem Balkon direkt unter meinem), sondern streiche zusätzlich die Fensterscheiben mit schwarzer Lackfarbe (aus dem Baumarkt).

Um für noch mehr Stimulanz, sprich: *Kreativ-Atmo* zu sorgen, reiße ich die Dielen aus dem Boden, zertrümmere einen Großteil meiner Möbel (meistens in guter, alter Keith-Richards-Manier mit der Hand) und verteile fünfzig Liter Altöl sowie fünf Säcke Katzenstreu auf meiner Matratze. Garniert wird die Trümmerlandschaft mit vierhundert Stück argentinischen Waldschaben, zwanzig Großpackungen Wanderheuschrecken und fünfundzwanzig Halbliterdosen Stubenfliegen (alles von Lehmanns Lebendfutter-Versand). Auch musikalisch lasse ich keine Gnade walten. Es laufen ausschließlich Songs von Xavier Naidoo, AnnenMayKantereit und Jens Büchner aka Mallorca-, beziehungsweise Malle-Jens. Und das natürlich rund um die Uhr.

Nachdem so eine weitere Stufe erklommen ist, mache ich mich mit aller verbliebenen Energie daran, mir Stimmen einzubilden, schließlich »gibt es Kunst nur für und durch den anderen«, wie schon Sartre erkannt hat. Ein paar Musen oder wenigstens Stichwortgeber können daher nicht schaden. Ich füge dem täglichen Stechapfel-Bilsenkraut-Tollkirsche-Mix noch etwas Fliegenpilz hinzu, beginne, intensiv in der Bibel zu lesen und mir Löwensenf auf die Pupillen zu schmieren. Und siehe da: Es funktioniert. Bald schon diskutiere ich mit Jesus über Stammzellenforschung; mit Mohammed über die Frage, was sich besser anfühlt, ein Dildo im Arsch oder ein Dartpfeil im Auge; und mit Karl Marx über Schizophrenie. Das alles live und in Farbe und in Full HD. Problem: Irgendwann reden meine Gesprächspartner allesamt durcheinander, wie am Ende einer Maischberger-Sendung, was auf Dauer anstrengend wird. Ich muss sie abschalten oder wenigstens übertönen. Zum Glück funktioniert der Fernseher noch. Ich suche und finde den Verkaufssender Channel 21 und stelle auf maximale Lautstärke. Um auf Nummer sicher zu gehen, schiebe ich mir zusätzlich je einen Bratenspieß in beide Gehörgänge.

Und dann, während ich so dahocke, inmitten dieser barbarischen Kakophonie, in einem vollgepissten, dreckstarrenden Batman-Kostüm, ausgemergelt und dehydriert, mit blutenden Ohren, aus denen zusätzlich Waldschabenkot tropft, geschieht es plötzlich, der gewünschte Effekt tritt ein. Ich bin Thomas Bernhard, ich bin Sibylle Berg, ich bin Charles Bukowski, ich bin Rosamunde Pilcher, ich bin Hunter S. Thompson, ich bin Ernst Jünger, ich bin der anonyme Autor eines Ponyboy-Pornos. Sie alle sind ich und ich bin sie alle. We are family. We all are familiar in my head. Das fühle ich ganz deutlich, während ich noch einen Kopf ziehe.

Und dann schreie ich. Und dann schreibe ich. Und dann schreie und schreibe ich gleichzeitig. Und ich weiß ganz genau: Der Ruhm ist nur noch einen winzigen Klapsen-Aufenthalt entfernt.

BETREUTES AUSGEHEN

Wir schreiben das Jahr 2040. Nachdem die Weltregierung den Konsum von Nikotin, Alkohol, Zucker und allem, was gesättigte Fettsäuren enthält, vollständig verboten hatte, ist sie vor kurzem umgeschwenkt. Die massive Zunahme psychischer Erkrankungen und der damit einhergehende Anstieg der Selbstmordrate haben der Produktivität einfach zu großen Schaden zugefügt.

Benson & Hedges, Bacardi, Brausebonbons und Butter sind nun also wieder erlaubt, allerdings kontrolliert. Denn die kontrollierte Freigabe schlägt – zumindest nach den aktuellen Erkenntnissen der Weltregierung – am Ende noch jedes Verbot. Allein schon, weil dergestalt keine Geldmittel mehr in eine wie auch immer geartete Schattenwirtschaft abfließen.

Es ist Freitagabend. Zeit für ein bisschen Amüsement. *Kontrolliertes* Amüsement, versteht sich. Ich befinde mich am Tresen der *Oase der Selbstzucht*, der mir von der Kommunalverwaltung zugewiesenen Bar.

Achtsam-23, der stets freundliche Thekenroboter, hat mir eine Schale mit Kartoffelchips hingestellt. Sechs Stück. Perfekt abgezählt. Wie immer. Nun treibt mich der Durst dazu, etwas Alkoholisches zu ordern. Ich gebe das entsprechende Handzeichen und bekomme von Achtsam-23 ein Glas Lakritzlikör serviert. Den verabscheue ich zwar wie nichts anderes, aber die Lust auf ein Häppchen Rausch treibt mir das schwarze Gift in die Speiseröhre. Was ist schon ein kurzer Würgereflex gegen den wohligen Kitzel im Gehirn?

Danach überkommt mich die Lust auf eine Zigarette. Ich sehe Achtsam-23 fragend an. Dankenswerterweise bejaht er mein Vorhaben.

»Aber nur drei Züge«, befiehlt er mit dieser Computerstimme, die mich noch jedes Mal an eine Mischung aus Tom Selleck und Darth Vader hat denken lassen.

Mein Gefühl sagt mir, dass sechs oder gar sieben Züge weitaus angebrachter wären (der Lakritzlikör brennt schließlich immer noch im Rachen). Aber Achtsam-23 gibt ja nur das wieder, was ihm die vielen in meinem Körper platzierten Chips als bestmögliches Ergebnis im Spannungsfeld zwischen seelischer Erbauung und Schädigung der Zellensubstanz übermittelt haben, und so wäre es müßig, ihm zu widersprechen.

Im Raucherraum widerstehe ich dann auch tapfer der Versuchung, ein viertes Mal am Filter zu saugen. Das unbestechliche Auge der Deckenkamera würde dieses Vergehen umgehend zur Anzeige bringen. Und die darauffolgenden Strafen sind allesamt – so unvorhersehbar sie auch daherkommen mögen – drastisch genug, um jeden Gedanken an Renitenz im Keim zu ersticken. Und eine Strafe würde es geben. Denn überkommene Ideen wie ein Justizsystem, sprich: eine anwaltliche Vertretung, hat die Weltregierung aka unfehlbarer, gottgleicher Algorithmus abgeschafft. Mal bekommst du einen Monat Hausarrest; mal achtundvierzig Einheiten Power Yoga, mal einen tiefschwarzen, frühestens nach vier Wochen abwaschbaren Stempel mit der Aufschrift *Schädling* auf Stirn oder Wange (je nach Haar- oder Barttracht). Denn, so hat es die Weltregierung in ihrer allumfassenden Weisheit schon seit langem erkannt, wer sich selbst schädigt, schädigt die Gesamtgesellschaft und damit das kosmische Gleichgewicht. Keine Frage, dass alle drei Strafen aka Erziehungsmaßnahmen ein Verbot sämtlicher Genussmittel beinhalten.

Zurück am Tresen gelüstet es mich nach weiterem Alkohol. Aber da ist Achtsam-23 vor, der mir mit knappen Worten die Anweisung erteilt, mich auf die Tanzfläche zu begeben. Anscheinend habe ich dringend ein bisschen Bewegung nötig.

Ich setze mir die Kopfhörer auf und werde mit deutschem Gangsterrap begrüßt, Kollegah wahrscheinlich (oder einer seiner *Kollegahs*). Diese Musikrichtung mag ich zwar noch weniger als Lakritzlikör, aber wie könnte ich mich verweigern, wenn doch der Algorithmus mit absoluter Sicherheit weiß, dass genau diese Klänge nun zwingend vonnöten sind, um mein ureigenes Verhältnis von Yin und Yang auszutarieren?

Und so arbeite ich mich, während ich Botschaften höre wie *Wer Hip-Hop liebt, ist Antisemit, hat selbst bei Phimose kein beschnittenes Glied*, tapfer auf dem Dancefloor ab, beobachte andere Willenlose, die – ebenfalls mit Kopfhörer ausgestattet – gleichsam emsig herumstrampeln. Ich versuche zu raten, welcher Sound denen aufs Ohr gespielt wird, komme aber zu keinem klaren Ergebnis: Mal deutet der Gesichtsausdruck auf Helene Fischer hin, während die Tanzschritte auf Grindcore oder Death Metal schließen lassen. Dann ist es wieder genau umgekehrt. Bemüht sind sie alle. Denn bemüht, besser: unermüdlich ist ja auch die Kamera, die uns stetig im Blick hat.

Als endlich die Musik in meinen Lauschgullys versiegt, eile ich voll der Vorfreuden zu Achtsam-23 zurück. Zweifelsohne ist mir nun eine Belohnung gewiss. Die erhalte ich tatsächlich. Und zwar in Form einer Flasche Clausthaler, das leider auch im Jahr 2040 komplett alkoholfrei daherkommt.

Während ich noch damit beschäftigt bin, die Plörre in meinen Verdauungstrakt zu überführen (denn zurückgehen lassen ist keine Option), erhalte ich den nächsten Dämpfer: Eine Lautsprecherstimme fordert mich auf, mich in den Tuchfühlungstrakt zu begeben. Der gebenedeite Algorithmus (gepriesen sei seine Weitsicht) hat offenbar erkannt, dass es mir an menschlicher Nähe mangelt.

»Herr Oblomov bitte in Kabine 12. Herr Oblomov bitte umgehend in Kabine 12«, tönt es ebenso lockend wie fordernd aus den Boxen über der Bar.

Ich exe den Rest des Bierimitats und begebe mich schnurstracks zum vorgegebenen Ziel. Währenddessen spielt mir der in meinem Stirnlappen platzierte Prozessor eine vertonte Dia-Show (eine sogenannte Audio-Slide) ins Gehirnkästchen, die einen kurzen Abriss wichtiger Lebensereignisse meiner Kontaktperson zum Inhalt hat. Sie, also die Kontaktperson, ist weiblich, kinderlos und zweiundvierzig Jahre alt. Sie heißt Svenja und arbeitet als Physikerin in einem Maschinenbauunternehmen.

»Einer Freundin von mir hat der Urin von Truthahngeiern geholfen«, begrüßt mich Svenja, die natürlich ebenfalls eine Audio-Slide hat über sich ergehen lassen müssen, und daher weiß, dass mich seit meinem zwölften Lebensjahr äußerst schmerzhafte, immer wiederkehrende Nagelbettentzündungen plagen.

»Oh, danke«, sage ich. »Ich meine, mal irgendwo gelesen

zu haben, dass Parasiten für aggressives Verhalten verantwortlich sein können.« Womit ich darauf anspiele, dass eine von Svenjas drei schottischen Faltohrkatzen in letzter Zeit verstärkt Möbel, Gardinen und Wadenbeine attackiert.

Danach drehen sich die Gespräche naturgemäß um Haustiere (ich selbst besitze ein Zwerghamsterpärchen), aber auch um Malerei (Svenja hat ein Faible für die Wiener Moderne) und meine Begeisterung für die Werke längst vergessener Punkliteraten.

Als die Unterhaltung kurz ins Stocken gerät, woraufhin das grüne Licht über der Tür erregt zu flackern beginnt, rettet uns Svenja, indem sie kurzerhand ihre Angst vor Erdnussbutter, genauer die Angst davor, dass ihr dieselbe am Gaumen kleben bleiben könnte, zum Thema macht.

Noch bevor ich die vorgeschriebene wohlwollend-mitfühlende Antwort formuliert habe, schaltet das Signal zum Glück auf Gelb, was uns die Gelegenheit gibt, zwei hastige Zungenküsse auszutauschen und unsere Klamotten abzustreifen.

Als dann die Rotphase beginnt, bin ich einmal mehr von der Weisheit und Wirkmacht des großen Algorithmus überrascht. Der Sex mit Svenja übertrifft all meine Erwartungen. Fand ich sie bis eben noch ermüdend wie eine Folge *Fernsehgarten*, erlebe ich sie nun als engagiert und hingebungsvoll. Und auch ich bemühe mich nach besten Kräften. Schließlich winken als Belohnung für eine gelungene Perfomance wenigstens zehn Gramm Zucker. Die Videoanleitung in Sachen Stellungswechsel, die wie gewohnt an der Decke mitläuft, brauchen wir demgemäß kaum.

Nachdem wir uns beide zum Höhepunkt getrieben haben (täuschen wäre auch hier ein müßiges Unterfangen), empfängt mich Achtsam-23 dann auch tatsächlich mit einem halben Milky Way. Oh, welch seltene Wonne!

Kaum dass ich den süßen Zerstörer in mich hineingestopft habe, ist allerdings Schluss für heute. Der fürsorgliche Roboter ruft mir einen Sicher-zurück-nach-Hause-Castor (kurz: SZNHC), ein selbststeuerndes Gratistaxi mit einer nach den Regeln des Fengshui und der Farbenlehre Rudolf Steiners gestalteten Innenausstattung und aktivierter Kindersicherung. Und während ich – begleitet von sanfter Meditationsmusik auf der Basis von Walgesängen und den Brunftschreien junger Wapitihirsche – in die Massagepolster sinke, lasse ich den Nachgeschmack des Schokoriegels sein wohliges Werk verrichten.

Es geht mir gut. Vielleicht werde ich Truthahngeier-Urin tatsächlich mal ausprobieren.

AUS DEM TAGEBUCH DES REINER WANDT

(63 Jahre, Frührentner)

28.01.
In China wütet angeblich eine Epidemie. Grund ist wohl die Fledermaus-Suppe, die sie dort ständig essen. Gut, sind ja genug da von den schlitzäugigen Ameisen. Wie ich immer sage: Beim Mensch-ärgere-Dich-nicht gibt's auch nicht zehnmal mehr Gelbe als Blaue, Rote und Grüne zusammen.

23.02.
Mittlerweile hat die Seuche Italien erreicht. Man könnte meinen, Marco Polo wäre noch auf Achse. Aber gut, mit der Hygiene stand der Itaker ja schon immer auf Kriegsfuß.

28.02.
Maren denkt, dass wir den Mist hier auch bald haben werden. Glaube ich zwar nicht bzw. glaube ich schon, leben ja genügend muselmanische Wirtschaftsflüchtlinge unter uns. Aber so ein bisschen Husten bringt dich nicht gleich um. Es sei denn, du sitzt den ganzen Tag im Park und schnüffelst Klebstoff oder rauchst diesen Dreck, den sie in der Tschechei produzieren.

Zur Sicherheit trotzdem mal acht Pakete Klopapier à zehn Rollen gekauft. Man kennt ja die Hamstermentalität der Leute in Krisenzeiten.

09.03.
Im Supermarkt sind bereits die ersten Schisser unterwegs. Kaum kommst du ihnen näher als einen Meter, keimt Panik in den Pupillen auf. Das passiert eben mit einem Land, das die Wehrpflicht abgeschafft hat. Eine Nation von Weicheiern. Ich mache mir einen Spaß draus und gehe heute öfter mal auf Tuchfühlung.

10.03.
Maren kocht wie blöde Rote Bete ein. Sicher werden wir das Zeug noch essen, wenn die Leute beim Wort Corona einzig und allein wieder an die Biermarke denken.

12.03.
Merkwürdig, aus Afrika hört man gar nichts. Vielleicht doch die große Umvolkung?

16.03.
Die Grenzen sind dicht. Endlich. Wenn auch fünf Jahre zu spät. Geht doch, Merkel! Maren sorgt sich um die Obdachlosen. Weicher Keks, weiches Herz, wie ich immer sage.

17.03.
Von heute an sind sämtliche Spielplätze geschlossen. Soll keiner sagen, der Wahnsinn hätte nicht auch sein Gutes. Da können sich die Schnellspritzer, die da allabendlich an ihren Haschzigaretten und Alkopops nuckeln und dabei herumlärmen, als würden sie für die Aufnahmeprüfung an der Muezzin-Schule lernen, endlich mal andere Treffpunkte suchen.

18.03.
Gerade die Rede der »Kanzlerin« im TV verfolgt. Die erwartbare Panikmache, inklusive pastoralem Geseier. Da lob ich mir einen Mann wie Trump. Oder diesen brasilianischen Kunden. Wie heißt der doch gleich? Bolzonero? Ruhiges, aber dabei doch eisernes Handeln. Da wäre mir hierzulande selbst ein Sozi wie Helmut Schmidt deutlich lieber.

19.03.
Heute Vormittag am Spielplatz an der Ecke vorbeikommen. Und was sehe ich da? Zwei Muttis samt Blagen, die lustig in der Sandkiste buddeln. Sofort ein paar Fotos gemacht und bei Facebook eingestellt. Große Resonanz.

20.03.
Mit Maren durch den Park spaziert. An einer Bank eine Rotte Jugendlicher, Kiste Bier und musikalische Umweltverschmutzung aus der Konserve inklusive. Als wir vorbeigehen, versuchen uns zwei durch eine gezielte Umarmung zu provozieren. Ich direkt hin und dem einen der beiden Lappen mit voller Wucht ins Gesicht gehustet. Der Blick danach unbezahlbar. Als hätte man ihm eine glühende Grillzange an die Eichel gehalten. Corona-Party? Mit mir immer!

21.03.
Beim Rewe gibt's keinen Stopftabak mehr. Verdammtes Pack! Fast schon panisch zu Yildiz rübergehastet. Der hatte zum Glück noch drei Dosen. Klar, dass ich alle eingesackt habe. Noch zwei Wochen, dann kriegst du vieles nur noch auf dem Schwarzmarkt.

22.03.
Ich schmeiß mich weg. Mutti muss in Quarantäne, »regiert« ab heute aus dem Homeoffice. Angesteckt hat sie sich wohl bei einem ihrer Quacksalber. Und da sage noch einer, es gäbe kein Karma.

23.03.
Kontaktbeschränkungen? Ich lach mich schlapp. Die hätten sie besser mal 2015 einführen sollen. Ich brauche ohnehin keinen Kontakt. Für das, was ich meiner Umwelt mitzuteilen habe, genügt ein gutgesetzter Fußtritt. Gerne mit Anlauf. Oder fällt das auch schon unter Ansteckungsrisiko? Parken wird blöderweise immer schwieriger. Seitdem die Medienfuzzis alle im Homeoffice sind und auch ihre Bälger nicht mehr zur Schule kutschieren, muss ich oft dreimal um den Block fahren.

24.03.
Einige glauben ja, die Amerikaner würden hinter der Sache stecken. Weil es in China losging und mittlerweile wohl auch die Perser einige Probleme haben. Maren hat die Pharmalobby in Verdacht. Stichwort »höhere Profite«. Ich sage: alles Quatsch. Nordkorea hat das geplant. Die haben genügend Agenten in China, und die wussten natürlich, dass das Virus von dort aus wegen der Handelsverflechtungen ruckzuck in die ganze Welt hinauswandern würde. Und während nun überall die Wirtschaft runtergefahren wird, fällt in Nordkorea wegen der perfekten Abschottungspolitik kein einziger Arbeiter aus. Am Ende werden wir von dort noch Hilfslieferungen mit Reis und Kohl erhalten. Clever.

25.03.
21 Uhr. Und natürlich klatscht wieder alles. Wie die Lemminge. Die Menschen sollten lieber für ihre Großmütter und Urgroßmütter applaudieren. Also für die, die das Land wiederaufgebaut haben. Dass Krankenschwestern, Verkäuferinnen oder Kraftfahrer auch dann noch ihren Job machen, wenn der Wind mal ein bisschen rauer weht, ist ja wohl eine Selbstverständlichkeit. Uns hat damals auch keiner Merci-Schokolade in den Arsch geschoben, als wir bei Mannesmann drei Doppelschichten pro Woche abgerissen haben.

26.03.
Vor lauter Langeweile mal wieder den VHS-Rekorder angeschlossen und mit Maren eins dieser Filmchen geschaut, die uns früher so viel Spaß gemacht haben. Danach ging's doch tatsächlich ans Eingemachte. Und Maren hat fast so laut gestöhnt wie in alten Zeiten. Wenn diese staatlich angeordnete Sicherheitsverwahrung noch länger andauert, hole ich die Kamera aus der Versenkung und wir drehen unsere eigenen Filme. Im Internet soll es ja so Plattformen geben. Wie ich immer sage: Selbst auf einem abgeernteten Feld finden sich noch essbare Kartoffeln.

27.03.
Der dunkle Herrscher aus Rom haut ein Urbi et orbi außer der Reihe raus. Gut, gehört ja selber zur Risikogruppe, der Greis. Von mir aus kann das ganze verlogene Pack ab sofort in Dauerquarantäne.

30.03.

Auch der dritte Test der »Kanzlerin« negativ. Aber gut, wer glaubt schon an Karma. Ich glaube weiterhin an Hopfen und Malz. In der Hölle schmoren wird die SED-Vettel trotzdem. In Grönland haben sie unterdessen den Erwerb von Alkohol verboten. Angeblich, um »häusliche Gewalt« zu stoppen. Wenn das hier passiert, gibt es hoffentlich einen Aufstand. Zur Not organisiere ich den selber. Häusliche Gewalt inklusive.

01.04.

Die Endspiele der Champions-League etc. sind »auf unbestimmte Zeit« verschoben worden. Wüsste ich es nicht besser, ich hätte auf einen Aprilscherz getippt. Am Ende kommt es noch so weit, dass ich mir die Spiele der weißrussischen Liga im Weltnetz angucke. Da wird ja noch munter gekickt. Und zwar vor vollen Rängen. Es lässt sich eben nicht jeder sofort die Lebensfreude nehmen, wenn mal ein Schnupfen grassiert. Wie ich immer sage, Abhärtung findet nicht auf dem Sofa statt. Der Super-GAU wäre natürlich, wenn es hierzulande in der 3. Liga zum Saisonabbruch käme. Ich meine, gut, wir stehen aktuell auf dem neunten Platz. Aber es sind nur drei verdammte Punkte zum zweiten und sechs Punkte auf den ersten. Und das bei elf ausstehenden Spielen! Also wenn die DFB-Mafia das durchzieht, eskaliere ich hier richtig. Drei gottverdammte Punkte! Die Penner sollen mal schön aufpassen.

02.04.

Die Kontaktsperre ist verlängert worden. War ja klar. Guck dir die aktuellen Umfragewerte der Regierungsparteien an. Die reiben sich wahrscheinlich jeden Abend die gut desinfizierten Hände angesichts der selbst herbeihalluzinierten Krise. Nicht mehr lange, dann haben wir hier wieder den Abschnittsbevollmächtigten. Da lob ich mir die Schweden. Die hüpfen nach wie vor zu zehnt in die Sauna. Apropos: Werde mir nachher mit Maren einen weiteren »schwedischen Lehrfilm« genehmigen. Ein bisschen Spaß muss sein.

05.04.
Seitdem die halbe Nation zu Hause hockt und vor lauter Langeweile die Bude ausmistet, steht noch mehr Schrott auf der Straße. Alle fünf Meter stolperst du über einen Pappkarton mit ausrangierten Vasen, zerlesenen Schmökern und Elektrogeräten aus den 90ern. Wären die Leute ehrlich zu sich selbst, müssten sie das alles auf den Recyclinghof karren. Aber Faulheit siegt, wie ich immer sage. Also wird schnell ein Zettel mit den Worten »zu verschenken« beschriftet und der Plunder einfach auf dem Gehsteig entsorgt. Am besten sind ja die, die noch ein paar Herzen aufs Papier malen. Ganz so, als ob es sich beim Verteilen von Abfall um einen Liebesdienst handeln würde.

06.04.
Pressekonferenz mit Mutti. Und sieh an, sie kann keinen Stichtag für die Aufhebung ihrer Zwangsmaßnahmen benennen. Wen wundert's bei einer derart lustfeindlichen Trulla? Wenn Merkel so könnte, wie sie wollte, würde unser Freizeitangebot doch nur noch aus Opernhäusern, Museen und Wanderwegen bestehen.

07.04.
Ich schreibe das nur ungern, aber Maren fängt an, mir auf die Nerven zu gehen. Heute hat sie zum dritten Mal in den letzten zwei Wochen die Fenster geputzt. Dazu dieses ständige Serien-Geglotze. Rote Rosen und wie all die Schmonzetten sonst noch heißen. Wird Zeit, dass sie wieder arbeiten geht.

09.04.
Na sowas, in Schleswig-Holstein sind über Ostern Treffen von bis zu zehn Personen erlaubt. In Bayern darfst du aktuell noch nicht mal allein auf einer Parkbank sitzen. Bananenrepublik Deutschland, wie ich immer sage. Wobei, der Söder ist schon ein strammer Patron. Wenn der den nächsten Kanzler geben würde, hätte ich nichts dagegen.

11.04.
Nach dem Aufwachen leichter Husten und ein Kratzen im Hals. Sicher nur eine Erkältung.

12.04.
Der Husten will partout nicht weichen. Dazu erhöhte Temperatur und Schüttelfrost. Vielleicht doch eine Grippe? Maren sagt, ich müsse in die Notaufnahme. Das hat mir noch gefehlt. Jeder weiß doch, wie dort gepfuscht wird. Und am Ende behalten sie mich noch da, und ich fange mir einen dieser multiresistenten Keime ein. Nee, mit mir nicht. Krankenhäuser sind für Luschen und Arbeitsverweigerer, wie ich immer sage. Morgen geht's mir sicher schon besser. Vielleicht genehmige ich mir nachher mal ein warmes Bier.

BYE-BYE JUNGFERNHÄUTCHEN

Januar 2009: Ein Typ, mit dem ich Jahre zuvor das zweifelhafte Vergnügen geteilt habe, einem Eishockeyteam anzugehören, das in drei aufeinanderfolgenden Spielzeiten gerade mal ein einziges Match für sich entscheiden konnte, meldet sich überraschend per E-Mail. Ob ich mir vorstellen könne, im Rahmen einer privaten Geburtstagsfeier ein paar Texte zu lesen. Der Vater eines Freundes würde seinen Sechzigsten begehen, und da beide, also Vater und Sohn, meinem Schaffen äußerst wohlwollend gegenüberstünden, würde man dem Jubilar gern einen Auftritt meiner Person zum Geschenk machen.

Ich sage ohne zu zögern zu. Menschen um die sechzig finden sich nicht allzu viele unter meinen Lesern. Zusätzlich motiviert mich das gemeinsam erduldete Martyrium auf der Eisfläche. Nichts schweißt mehr zusammen als Niederlagen gegen Mannschaften, die sich zu einem Großteil aus lauffaulen Alkoholikern mit angeborener Sehbehinderung zusammensetzen. Den Rest besorgt die angebotene Gage, auf die ich, um meinen Status als Geschenk nicht zu gefährden, ganz bewusst nicht verzichte.

Stattfinden soll die Sause im August desselben Jahres, irgendwo im südwestdeutschen Raum. Den genauen Ort kann mein Kontaktmann noch nicht benennen, will mir aber rechtzeitig Bescheid geben. Ich notiere mir den Termin und vertäue die Angelegenheit fürs Erste an einem der hinteren Liegeplätze meines Bewusstseins.

Im April erreicht mich eine weitere elektropostalische Nachricht meines ehemaligen Leidensgenossen. Er lässt verlautbaren, dass man beschlossen habe, die Feierlichkeiten in einem Golfclub im französischen Soufflenheim steigen zu lassen. Da ich mir für den Vorabend des Ereignisses unterdessen eine Lesung in Stuttgart habe aufs Auge drücken lassen, schreibe ich zurück, dass ich mir von dort eine Bahnverbindung heraussuchen würde. Den Stress könne ich mir sparen, lautet die Antwort. Es würde keinerlei Mühe machen, mich mit dem Auto abzuholen. Das überrascht mich. Denn auch wenn meine Geographiekenntnisse nicht die besten sind, ist mir doch bewusst, dass wir hier über eine Strecke von hundert bis hundertfünfzig Kilometern reden.

Nicht minder erstaunt mich die offizielle Einladung, die ich ein paar Tage später per Brief erhalte. Sie ist derart opulent aufgemacht, dass man meinen könnte, das Haus Windsor lüde zur Wachteljagd. Aber der Alltag des zur Polytoxikomanie neigenden Schriftsteller-Imitators ist nicht unbedingt arm an Reizen und so wird die Verwunderung recht schnell von anderen Regungen überlagert.

Der Auftritt in Stuttgart zählt zu den besseren meiner Laufbahn und wird dadurch gekrönt, dass sich eine meiner Zuhörerinnen dazu hinreißen lässt, mich in mein Quartier zu begleiten (was selten vorkommt). Die Absteige versprüht den welken Charme der Wirtschaftswunderjahre und verfügt über keinerlei Komfort. Aber das Mädchen ist schön und der Sex mit ihm gleichermaßen unkompliziert wie aufregend (was noch viel seltener vorkommt). Und so nimmt es kein Wunder, dass ich mich, als ich am nächsten Morgen die Stufen zum Ausgang hinabschwanke, wie ein direkter Nachfahre Jim Morrisons fühle. Das ist der verdiente Lohn für die vielen enthaltsamen Nächte an der Tastatur, denke ich, während ich mir, um das Hochgefühl noch zu steigern, eine Zigarette anzünde. Und als kurz darauf eine Mercedes S-Klasse vorfährt, deren Pilot nichts Wichtigeres zu kennen scheint, als *mir* die Tür aufzuhalten, finde ich das völlig normal.

Profi, der er ist, vermeidet der Fahrer alles, was den Eindruck vermitteln könnte, er würde *nicht* mindestens dreimal die Woche Menschen herumkutschieren, deren gesamtes Gepäck aus zwei Plastiktüten besteht und die aus dem Mund derart ekelerregend nach Alkohol und Tabak riechen, dass der Wunsch, ihnen die Speiseröhre mit Zement auszugießen, kaum zu unterdrücken ist. Da dankenswerterweise auch jedweder Smalltalkversuch unterbleibt, braucht es nicht lange, bis mich das wohlige Interieur des Fahrzeugs überwältigt und in einen traumlosen Schlaf fallen lässt.

Auch der Golfclub geizt nicht mit Annehmlichkeiten. Nachdem mich der Fahrer einer eleganten Erscheinung übergeben hat, die hier als Empfangsdame fungiert, werde ich in ein Appartement geführt, das neben einem Kingsize-Wasserbett eine Dusche von nicht minder verschwenderischen Ausmaßen sein Eigen nennt. Zu schade, dass ich die Schöne aus Stuttgart nicht zum Mitkommen überredet habe.

Ich gebe dennoch mein Bestes, den Luxus zu genießen, dusche ausgiebig, wobei ich jede einzelne der gefühlt zweihundert Massagedüsen zum Einsatz kommen lasse, und mache mich anschließend daran, auch noch die letzten Reste meines Schlafdefizits auszugleichen. Um achtzehn Uhr, so hat mir die elegante Erscheinung mit auf den Weg geben, soll die Chose mit einem kleinen Stehempfang beginnen.

Champagner, Cocktails, Fingerfood und jede Menge Gesichter – mein Eishockey-Spezl, der Spezl des Spezls, das Geburtstagskind und natürlich die Gäste, zumeist Paare zwischen fünfundvierzig und fünfundsiebzig, die Dame gern ein oder zwei Jahrzehnte jünger als der Herr. Während mir einer nach dem anderen vorgestellt wird, höre ich erst nur halbherzig hin. Aber da der Gastgeber es nicht versäumt, bei nahezu jedem XY-Chromosom-Träger zusätzlich zum Namen auch die berufliche Position zu nennen (für Frauen reichen offenbar die Worte *und Gemahlin*), beginne ich irgendwann doch noch zu begreifen, dass das hier mehr ist als eine Zusammenkunft ergrauter Schrebergartenbesitzer. Denn wer bei EADS, Krauss-Maffei Wegmann oder Rheinmetall im Vorstand sitzt oder einen Aufsichtsratsposten bekleidet – wie die meisten, deren Handschweiß ich gerade mit dem meinen vermischt habe –, ist gewiss kein harmloser Laubenpieper. Vielmehr muss er sich zur Crème de la Crème der deutschen Waffenproduktion zählen lassen.

Ich spüre Grauen in mir aufsteigen. Ein mit Ekel vermischter Horror, der in etwa an das Gefühl heranreicht, das mich einst überkam, als ich während eines LSD-Trips auf dieses NSBM-Festival geriet. (*NSBM* steht übrigens für nationalsozialistischen Black Metal und nicht für in Natursekt badende Misswahl-Kandidatinnen.) Ich möchte weglaufen. Aber wohin? In der Einöde, die den Golfplatz umgibt, würde ich mich am Ende noch gezwungen sehen, eine Suchhundestaffel zu alarmieren. Also bleibt nur die Vorwärtsverteidigung: die Gunst der Stunde nutzen und den versammelten Mordbuben richtig einheizen. Ich bin der größte lebende Punkrockpoet – wer wäre besser geeignet als ich, der gewissenlosen Brut einen schönen literarischen Einlauf zu verpassen?!

Und so sammle ich mich, während eine erlesene Speise nach der anderen aufgetragen und hektoliterweise Wein getrunken wird, und als ich schließlich mit meinem Vortrag an der Reihe bin, bin ich voll da, bringe mit allem, was mir an ätzender Schärfe zur Verfügung steht, meine ketzerischsten Texte unters Volk.

Aber die meisten der Feiernden hören mir gar nicht zu, tafeln einfach weiter. Und die, die mir zuhören, haben zu meinem größten Entsetzen Spaß an meinen Sottisen, ja, amüsieren sich wie Bolle, besonders über die Stellen, die ihnen Tod und Verderben wünschen. Es ist die totale Niederlage. Und als ich nach einer Dreiviertelstunde zum Ende komme und mit Applaus und zwei, drei aufmunternden Rufen bedacht werde, möchte ich mir am liebsten eine scharfgemachte Handgranate zwischen die Zähne schieben. Es fehlt allein die Kraft, einen der Anwesenden nach einem Vorführmodell zu fragen.

Drei Stunden und diverse Gin Tonic später bietet mir die Gattin eines Zulieferanten unvermittelt an, mir auf der Herrentoilette *den Mast zu polieren*, wie sie es nennt. Ein gedemütigter Maulheld besitzt offenbar seinen ganz eigenen sexuellen Reiz.

Ich lasse den Blick von ihrem faltigen Hals zu ihren restlos desillusionierten Augen wandern und lehne höflich ab. Stattdessen schlage ich vor, mich meinerseits um sie zu kümmern und ihr ausgiebig den Arsch zu lecken. Ersatzweise wäre ich auch bereit, wie ein dressierter Pudel nackt vor ihr Männchen zu machen und dabei *Die Internationale* abzusingen. Wenn sie wolle, könne sie mir vorher noch den Ausdruck *Stricher* in die Stirn ritzen. Und falls sie jemanden hätte, der das Ganze filmen und ins Netz stellen wolle – sehr gerne. Meine Würde werde ich in diesem Leben ohnehin nicht mehr zurückgewinnen.

WATTWANDERUNG

Diese einzigartige Gefühlslage schon während der Anfahrt. Diese Melange aus Angst, Scham und maximaler Vorfreude. Im Geist bist du bereits wieder zu Hause, allein in deinem ganz privaten Schutzraum. Aber vorher gilt es noch, diese eine Hürde zu nehmen.

Ganz wichtig: Das Auto nicht direkt vor dem Eingang abstellen. Und so wird schon die Parkplatzsuche zur Zerreißprobe. Denn mehr als fünfhundert Meter willst du mit der »heißen Fracht« nachher auch nicht durch die Gegend dackeln.

Heute ist dir das Glück hold. Du findest eine Lücke auf der Rückseite des Gebäudes, was nicht nur eine kurze Wegstrecke im Gesamten bedeutet, sondern auch den ungeheuren Vorteil mit sich bringt, dass du zwischen Hausecke und Eingangstür gerademal zwei Meter zu bewältigen hast. Aber selbst diese zwei Meter kosten Überwindung. Beobachtet dich jemand? Vielleicht jemand, der dich kennt? Ein Arbeitskollege? Ein ehemaliger Mitschüler? Ein Nachbar? Oder noch schlimmer: ein Nachbar deiner Mutter? Aber jetzt ist selbst das schon egal. Jetzt gibt es kein Entkommen mehr.

Also stößt du, während du noch einmal ausatmest, schwungvoll die Tür auf, versuchst, dir einen möglichst lässigen Ausdruck ins Gesicht zu rammen. Der allerdings hält nur einen Gedankensprung vor. Denn auch indoor könnten sie natürlich auf dich lauern: die Kollegen, die ehemaligen Mitschüler, die Nachbarn deiner Frau Mama. Und so scannst du als Allererstes die Szenerie, argwöhnisch wie eine amerikanische Drohne über Taliban-Gebiet. Die beruhigende Erkenntnis: nur zwei weitere Kunden im Laden, beide unbekannt, und – was noch viel besser ist – die Dame hinterm Tresen ist weder jung noch attraktiv zu nennen. Heute scheint einer dieser seltenen Tage zu sein, an denen einfach alles passt. Also rein ins pralle Vergnügen.

Das Vergnügen, sprich: Angebot ist allerdings wahrlich prall (und zwar nicht nur in diesem naheliegenden, ergo herrenwitzartigen Sinn), es ist einfach bunt, unübersichtlich und so weit von dem entfernt, was die gewohnte Regalfülle dir bietet, dass sich umgehend Überforderung einstellt. Die Sehschärfe kommt dir abhanden, dazu stellt sich ein leichter Schwindel ein – ganz ähnlich müssen sich DDR-Bürger gefühlt haben, die 1989 zum ersten Mal ein westdeutsches Kaufhaus betreten durften. Dazu der Druck, unbedingt eine Auswahl treffen zu müssen. Mehr als drei Produkte kannst du dir nicht leisten, und natürlich soll am Ende kein Blindgänger dabei sein

Und so trabst du beherrscht hektisch die Auslagen entlang, nimmst mal dies, mal jenes in die Hand, nur um letztlich doch vergleichsweise wahllose Entscheidungen zu treffen, also Entscheidungen, die einzig und allein mit billigen Triggern zu tun haben, nicht mit dem dezidierten Studium von Inhaltsangaben oder ähnlichem.

Der Umstand, dass die beiden anderen Kunden ihrerseits durch die Gänge streifen wie Schleichkatzen im Zoogehege, tut – begleitet von der Angst, dass jederzeit die Tür aufgehen und weitere Kaufwillige in den Laden befördern könnte – sein Übriges.

Als du endlich alles beisammen hast, ein Schockmoment: Just in dem Augenblick, in dem du dich zielstrebig der Kasse näherst, schiebt sich einer der beiden anderen Triebgesteuerten vor dich. So viel zum Thema *Tage, an denen alles passt.*

Nun heißt es also warten. Und Warten wird bekanntermaßen nur selten als freudvoll wahrgenommen; das *nervöse* Warten, und genau davon reden wir hier, so gut wie nie. Mit einem Mal fühlst du die Anspannung in aller Deutlichkeit, spürst du deine schweißigen Hände, als hättest du sie gerade selber schütteln müssen, wird dir bewusst, dass gleich deine Sprechwerkzeuge gefordert sind und dass die Dame hinterm Tresen so alt und so unattraktiv dann doch nicht ist.

Es gilt also, weitere bange Momente zu überstehen. Und als du endlich an der Reihe bist, hast du natürlich einen Frosch im Hals, der aus dem simplen *hallo, guten Tag* ein gutturales Gestammel werden lässt, das an Begrüßungsrituale aus den ersten Tagen der Steinzeit erinnert. Lässigkeit ist eben keine Frage des Wollens.

Nicht überraschend, dass sich die anschließende Prozedur (Schein aus dem Portemonnaie friemeln; Wechselgeld entgegennehmen; die Tüte, diesen so ausgesucht *anonymen* Plastebeutel entgegennehmen) anfühlt wie eine Stunde Geschichtsunterricht an der Waldorfschule – so quälend langsam scheint jeder einzelne Schritt vonstattenzugehen.

Aber irgendwann ist auch das überstanden, bist du endlich draußen, endlich im Auto, endlich in deiner Wohnung.

Und während du dort das Zellophan von der ersten

verheißungsvollen Trophäe reißt, verspürst du es plötzlich, dieses Triumphgefühl, überkommt dich ein Rausch, als wärst du gerade von einer Kaperfahrt, von einem Kreuzzug mit reicher Beute zurückgekehrt.

Was sind dagegen die zwei Klicks, die dich mit pornhub, youporn und Co. verbinden?

DAS GEFÜHL, DIE ZELLE FÄHRT

(für Ulrike)

»Das Gefühl, es explodiert einem der Kopf. Das Gefühl, die Schädeldecke müsste eigentlich zerreißen, abplatzen. Das Gefühl, es würde einem das Rückenmark ins Gehirn gepresst. Das Gefühl, die Zelle fährt.« Diese Sätze stellen sicherlich das in Deutschland bekannteste Zitat zur sogenannten *Isolationshaft* aus der Sicht eines Häftlings dar. Sie entstammen einem Brief Ulrike Meinhofs aus ihrer Zelle in Köln-Ossendorf.

Isolationshaft bezeichnet eine Form der Inhaftierung, die den Gefangenen weitestgehend von menschlicher Kommunikation abschneidet. Das beginnt bei der Unterbringung in einer Einzelzelle und dem Verbot der Teilnahme an den gefängnisüblichen Gemeinschaftsveranstaltungen, setzt sich über Einschränkungen im Briefverkehr und im Besuchsrecht fort und endet schließlich bei der Verhinderung der Sicht nach draußen und der Abschottung gegen Außengeräusche. Mit dieser sozialen Isolation gehen häufig Maßnahmen einher, die eine Verminderung der sinnlichen Wahrnehmung zur Folge haben: beispielsweise Tag und Nacht brennendes Neonlicht, vollständig weiße Wände und eine entsprechend reizarme Inneneinrichtung sowie luftdichte Zellentüren. Dieses *sensorische Deprivation* genannte Verfahren kann, so es über einen längeren Zeitraum zur Anwendung gelangt, zu vielfältigen Störungen im Denkablauf führen; die Palette reicht hier von Konzentrationsschwächen und Desorientierung bis hin zu Halluzinationen und Depressionserkrankungen. In Verbindung mit dem Entzug sozialer Kontakte ergibt das eine Mischung, die nicht selten körperliche Schäden nach sich zieht.

Wer nun darauf schließt, die vordergründige Absicht der *weißen Folter*, wie die eben beschriebenen Methoden von ihren Gegnern auch genannt werden, sei die physische Auslöschung von Häftlingen, irrt. In erster Linie geht es darum, den Gefangenen zu Geständnissen und einem vollständigen Abschwören seiner missliebigen Überzeugungen zu bewegen. Manchmal mag auch einfach nur übersteigertes Sicherheitsdenken hinter den Maßnahmen stecken. Stets werden bei ihrer Anwendung jedoch gesundheitliche Risiken in Kauf genommen, die im schlimmsten Fall lebensbedrohlichen Charakter annehmen können.

Dass psychische Stressfaktoren ebenso traumatisierend zu wirken vermögen wie körperliche Qualen, zeigt eine Untersuchung der University of London aus dem Jahr 2007. Befragt wurden knapp 280 Folteropfer aus den Kriegen im ehemaligen Jugoslawien, die eine lange Liste unterschiedlichster Foltermethoden mit einem Punktesystem zu bewerten hatten. Isolation war dabei eine der Maßnahmen, die als am stärksten belastend empfunden wurden. Sie erhielt im Durchschnitt 3,5 Punkte auf einer Skala von 0 bis 4 (wobei die 4 für *äußerst belastend* stand). Damit wurde sie ebenso hoch bewertet wie beispielsweise die Körperstreckung oder das Aufhängen an Händen und Füßen.

Wirft man einen Blick auf die Geschichte des Gefängniswesens, stellt das mittelalterliche Einkerkern sicher die Frühform der Isolationshaft dar. Einen ersten theoretischen

Background lieferten dann die um das Jahr 1820 herum in Amerika entstehenden Bußhäuser. Von Quäkern und Freidenkern als Alternative zur körperlichen Bestrafung befürwortet, wurde jeglicher Kontakt zwischen den dort Einsitzenden verhindert. Besuche erhielten sie ausschließlich von Geistlichen; die einzige Lektüre stellte die Bibel dar.

Erfahrungen mit kollaborierenden US-Soldaten während des Koreakriegs in den 1950ern ließen in den westlichen Ländern den Verdacht aufkeimen, dass die Gegenseite Instrumentarien zur Gehirnwäsche besäße. Daraufhin setzte in den Vereinigten Staaten, später dann auch in Europa, eine massive Forschung zum Thema Isolation ein. Hierbei wurden neben der speziellen Situation von U-Boot-Besatzungen und der von Astronauten auch die Folgen von Einschränkungen im Bereich der Sinneswahrnehmungen auf Einzelpersonen untersucht.

Inwieweit Ergebnisse dieser Forschungen in die Strafvollzugssysteme der jeweiligen Länder Einzug hielten, ist bis heute strittig. Unstrittig ist, dass Isolationshaft und sensorische Deprivation nicht nur in totalitären Systemen zum Tragen kommen. Bekanntestes Beispiel hierfür ist sicher das US-Gefangenenlager Camp X-Ray in Guantanamo. Dunkle Brillen, die den Sichtkontakt verhindern, dicke Handschuhe, die den Tastsinn lahmlegen, ein Hörschutz für die Ohren – der Verdacht, dass hier mit Techniken der Sinnesvorenthaltung gearbeitet wurde, lässt sich nur schwer von der Hand weisen. Aber auch in anderen demokratischen Ländern finden sich mehr oder minder starke Ansätze von Isolationshaft. Beispielhaft seien hier die Türkei und Spanien genannt, denen von der Gesellschaft für bedrohte Völker und Amnesty International wiederholt vorgeworfen wurde,

Menschen ohne ausreichenden Kontakt zur Außenwelt in Haft zu halten.

Wer sich mit dem Thema in Bezug auf die Bundesrepublik Deutschland auseinandersetzt, stößt unweigerlich auf die Rote Armee Fraktion und ähnliche Organisationen, deren Mitglieder, so sie denn in Gefangenschaft gerieten, gleich einer ganzen Reihe von Sonderhaftbedingungen unterworfen waren. Nun liegt es in der Natur einer Gruppierung wie der RAF, eben diese Haftbedingungen propagandistisch auszunutzen, und so war schnell nicht nur von *Isolationsfolter* sondern auch von *Vernichtungshaft* die Rede. Wenn allerdings Verantwortliche für die damalige Situation der Inhaftierten, wie der ehemalige Justizminister Vogel, heute davon sprechen, dass es Isolationshaft im Zusammenhang mit der RAF nie gegeben habe, scheint auch diese Aussage nicht minder weit von der Realität entfernt. Zumindest den RAF-Mitgliedern Astrid Proll und Ulrike Meinhof müssen entsprechende Erfahrungen attestiert werden. Beide saßen in den Jahren 1971 bis -73 nacheinander im sogenannten *Toten Trakt* der Vollzugsanstalt Köln-Ossendorf, die eine sechs, die andere neun Monate. *Toter Trakt* deshalb, da alle anderen Zellen des vom Hauptgebäude abgetrennten Hauses leerstanden. Die Zelle selbst war komplett weiß gestrichen und verfügte über ein Fenster, das sich erst gar nicht, später nur einen Spaltbreit öffnen ließ. Das Neonlicht brannte rund um die Uhr. Als Astrid Proll, die im Juni 72 zwischenzeitlich in den Männertrakt der Anstalt verlegt worden war, beim Prozess gegen Horst Mahler aussagen sollte, wurde sie aus gesundheitlichen Gründen für verhandlungsunfähig erklärt, später dann wegen Haftunfähigkeit vorzeitig entlassen.

Nach der faktischen Auflösung der RAF und dem Ende

der zum Teil mit äußerster Heftigkeit geführten Debatten um die Haftbedingungen der ersten und zweiten Generation ihrer Kader, scheint das Thema aus der öffentlichen Wahrnehmung weitestgehend verschwunden. Dabei spielt Isolation, wenn auch sicher nicht in der damaligen Ausprägung, nach wie vor eine Rolle im hiesigen Vollzugssystem. Nach einer Inspektionsreise durch verschiedene deutsche Haftanstalten im April 1996 kam das Anti-Folter-Komitee des Europarates zu dem Schluss, dass die bis zu mehreren Jahren dauernde Isolierung von Häftlingen »unter bestimmten Umständen« eine »inhumane und entwürdigende Behandlung« darstelle. Insbesondere in einem Gefängnis in Mecklenburg-Vorpommern würde die Isolationshaft nicht aus Sicherheitsgründen verhängt, sondern als Strafe.

Neun Jahre später erhob dasselbe Komitee schwere Vorwürfe gegen die Untersuchungshaftanstalt Hamburg. Die dort einsitzenden Abschiebehäftlinge würden zu zweit oder allein dreiundzwanzig Stunden am Tag weggeschlossen, ohne dabei über Fernseher oder Lektüre zu verfügen. Im Jahr 2008 beklagte das Komitee für Bürgerrechte und Demokratie, dass auch viele andere Gefangene dreiundzwanzig Stunden am Tag vor sich hindämmern würden. Nebenher wurde die faktische Rechtlosigkeit der Häftlinge thematisiert. Selbst wenn die Insassen bessere Haftbedingungen einklagten, gäbe es »keine Möglichkeit, die Gerichtsbeschlüsse zum Beispiel mit Zwangsgeldern durchzusetzen.« Dieses Mittel sei vom Gesetzgeber einfach nicht vorgesehen. Auch im Hier und Jetzt gilt also: Die Würde des Menschen ist antastbar.

HÖLLE HARZ

Ein Tag so zäh wie gebratener Hammelhoden. Nichts von dem, was ich mir vorgenommen hatte, wollte so richtig gelingen. Und wenn doch, dann nur unter größten Schwierigkeiten. Mit hoher Wahrscheinlichkeit wäre es bis zum Einschlafen so weitergegangen, hätte nicht Birnbaum angerufen und kurzfristig zu einer Feier geladen.

»Nichts Besonderes, nur ein kleiner Umtrunk im engsten Kreis. Du weißt ja, dass wir gerade erst eingezogen sind.«

Das wusste ich nur zu gut. Schließlich hatte ich beim Umzug von Birnbaums WG, die neben ihm selbst aus seiner Freundin Sabine und unserem Kumpel Heiner bestand, tatkräftig Hilfe geleistet. Vor allem die fünf Dutzend Topfpflanzen, darunter viele Farne und Palmen, die aufgrund ihres Volumens nur einzeln vom dritten in den fünften Stock hatten getragen werden können, waren mir noch deutlich in Erinnerung.

Vielleicht war darin der Grund zu suchen, dass ich zusagte. Ein paar Bier schienen mir als nachträgliche Belohnung nur angemessen. Wäre ich einer von diesen Schicksalsgläubigen gewesen, die in jedem Windhauch ein Zeichen des Allerhöchsten zu entdecken vermögen, hätte ich mir gewiss eine Ausrede einfallen lassen und mich ins Bett zurückgezogen. So aber maß ich den Vorboten dieses Abends keinerlei Bedeutung bei. Im Gegenteil. Nach den Fährnissen der letzten Stunden schien mir eine kleine Ausschweifung nur gerecht.

In der Wohngemeinschaft empfingen mich etwa sechzig Leute. So viel zum Thema *engster Kreis*. Aber das Gewimmel störte mich nicht. Und trotz der Fülle war der Getränkevorrat noch nicht aufgebraucht. Also griff ich mir ein kaltes Pils und mischte mich unters Volk. Schlucken, Rauch Richtung Zimmerdecke blasen, labern – entspannte Momente, bis plötzlich Inga vor mir stand, meine Ex-Freundin. Sie hatte mich betrogen (vielleicht ein bisschen halbherzig). Ich hatte sie verlassen (mindestens genauso halbherzig). Entsprechend beklommen ließ sich unser Wiedersehen an. Das erste Wiedersehen nach vier Monaten Funkstille wohlgemerkt. *Gehtsdirgutjamirgehtsgutdirauch* – der übliche Automatensprech, wenn sich das waidwunde Herz nicht unter der Zunge hervortraut.

Gerade als uns der Gesprächsstoff auszugehen drohte, also kurz vor der letzten Ausfahrt Richtung peinliches Schweigen, kam Sabine mit einem kleinen Tablett bei uns vorbei.

»Ein bisschen LSD gefällig?«

Ich hatte nicht vor, die nächsten zehn Stunden oder mehr auf einem Trip zu verbringen, und demgemäß schon ein Nein auf der Zunge. Aber als Inga beherzt zugriff, wollte ich nicht zurückstehen. Also nahm auch ich mir einen von den fein säuberlich halbierten Mikros.

Immerhin hatten Inga und ich so wieder ein Thema: Drogenerfahrungen mit dem Schwerpunkt Halluzinogene. Es gab sogar eine gemeinsame Erinnerung diesbezüglich. Eine Vollmondnacht im Elm, in der wir uns mit ein paar Freunden Pappen am Lagerfeuer eingeworfen hatten.

Zwischendurch holte ich für Inga und mich neues Bier. Kurz darauf fanden wir einen Sitzplatz auf einem der Fensterbretter.

Wie so oft setzte die Wirkung der Droge unmerklich ein. Fünf Stockwerke unter uns lockte das beleuchtete Schaufenster eines Sexshops. Und je länger ich dorthin schaute, desto mehr zog mich das Lichterspiel an. Der Ausdruck *Lichterspiel* stimmt tatsächlich, denn die Strahler und Lämpchen wechselten nicht nur sekündlich die Farbe, wozu sie wie verrückt blinkten, sondern wanderten auch umher wie ein Schwarm Glühwürmchen auf der Flucht vor Fressfeinden.

»Siehst du das?«, fragte ich Inga.

»Ja, absolut magisch«, kam es zurück.

»Wir müssen näher ran«, hörte ich eine Stimme sagen, die entfernt nach meiner eigenen klang. Ganz sicher war ich mir da nicht. Wie ich auch die Stimme, die mir gleich darauf mit einem *ja, das müssen wir* antwortete, nicht mehr so recht einzuordnen vermochte.

Ob nach diesem Dialog Sekunden, Minuten oder gar Stunden vergingen, kann ich heute nicht mehr sagen. Auf jeden Fall war irgendwann das Fenster geöffnet, standen Inga und ich auf der Fensterbank. Denn so viel Durchblick besaßen wir noch: Der kürzeste Weg zum Sexshop war der freie Fall. Das mag seltsam anmuten. Aber da uns beiden bewusst war, dass wir fliegen konnten, hätte sich ein Abstieg über das Treppenhaus nachgerade verrückt angefühlt. Merkwürdig, dass wir das mit dem Fliegen nicht schon vorher gewusst hatten. Aber Erkenntnis benötigt ja nicht selten einen gewissen Reifeprozess.

Gerade, als wir Hand in Hand zum Absprung bereitstanden, zupfte mich jemand am Ärmel. Widerwillig drehte ich mich um. Heiner!

»Hey, ihr kommt da besser wieder runter«, sagte er mit einer Strenge in der Stimme, die keinen Widerspruch duldete.

Also stieg ich zurück ins Wohnzimmer und auch Inga fügte sich.

»Sagt nicht, ihr wolltet gerade springen?«, ließ sich Heiner vernehmen.

Und erst in diesem Moment, genauer: während ich irgendwas von frischer Luft und besserer Aussicht stammelte, dämmerte mir, dass ich kurz davor gewesen war, meine strahlende Karriere als Bestsellerautor deutlich zu verkürzen. Auch Inga schien plötzlich merklich erleichtert.

Bei den Händen hielten wir uns dessen ungeachtet, oder gerade deshalb, immer noch. Und Hand in Hand liefen wir, weil uns das Acid zwischenzeitlich hatte »erkennen« lassen, dass unsere Liebe »einzigartig«, besser noch: »unsterblich« war, irgendwann auch zu mir nach Hause.

Es dämmerte bereits, als wir meine Wohnung erreichten. Und so grau, sprich: so trostlos wie die Lichtverhältnisse, die uns empfingen, gestaltete sich auch der anschließende Sex. Ein Fick, an dessen Ende eine Vaterschaftsklage stand. Aber das ist eine andere Geschichte.

Nachdem wir voneinander abgelassen hatten, legte sich eine Traurigkeit über uns, die dem Sarkophag von Tschernobyl gleichkam. Und ohne dass wir es aussprechen mussten, war klar, dass Inga nun würde gehen müssen. Schweigend rauchten wir eine letzte Zigarette, schweigend zog Inga sich an.

Als die Tür hinter ihr ins Schloss gefallen war, versuchte ich zu schlafen. Aber der verdammte Trip hatte mich immer noch im Griff. Alkohol wäre jetzt hilfreich gewesen, THC wäre jetzt hilfreich gewesen. Aber um zur Tanke oder zum Dealer zu laufen, fehlte mir die Kraft. Stattdessen starrte ich in dem vergeblichen Versuch, meine Gedanken oder meinen Herzschlag unter Kontrolle zu bringen, wie blöd an die Decke.

Gerade als ich den Loop im Gehirnkästchen halbwegs in den Griff bekommen hatte, klingelte es. Im ersten Moment glaubte ich an eine erneute, dem Lysergsäurediethylamid geschuldete Sinnestäuschung. Aber dann klingelte es wieder. Länger diesmal. Ich warf einen Blick auf den Wecker: 07:30! Wer zur Hölle konnte das sein? Vielleicht Inga, der noch etwas in den Sinn gekommen war, eine Botschaft, die sie unbedingt loswerden wollte. Meine Bereitschaft, ein weiteres Mal in das geschändete, bis zur Unkenntlichkeit zerwühlte Grab unserer Zweisamkeit hinabzusteigen, lag unter null. Aber natürlich konnte ich schlecht so tun, als wäre ich nicht zu Hause. Also quälte ich mich aus dem Bett und lief, nur mit Boxershorts bekleidet, zur Tür.

Als ich öffnete, traf mich fast der Schlag. Denn vor mir stand nicht Inga. Vor mir stand ein Mann um die fünfzig, der eine Art Taucheranzug am Leib hatte. Das allein wäre schon schlimm genug gewesen. Weitaus beängstigender allerdings war der Umstand, dass dieser Außerirdische die Gesichtszüge meines Vaters trug. Ich beruhigte mich erneut mit dem Gedanken, dass nach wie vor das LSD sein Hexenwerk verrichtete. Aber dann fing das wassersportbegeisterte Alien an zu sprechen und *klang* dabei auch noch wie mein Erzeuger, was nur zwei Möglichkeiten zuließ (beide gleichsam unangenehm): Entweder der Stoff war noch heftiger, als ich gedacht hatte, oder ich hatte wirklich meinen Vater vor mir.

Die von der surrealen Erscheinung abgesonderten Worte, die mit reichlich Verzögerung endlich Eingang in meinen Denkapparat fanden, sprachen dann eindeutig für Letzteres.

»Junge, was ist los? Wieso bist du noch nicht angezogen?«, hatte der Taucheranzug gefragt. Und *Junge* nannte mich, seit ich mich erinnern konnte, nur ein einziges Wesen in allen der Menschheit bekannten Galaxien: mein Alter.

Nachdem das geklärt war, dämmerte mir auch endlich, was es mit dieser seltsamen Verkleidung auf sich hatte. Der Taucheranzug war ein Rennanzug, genauer: einer für Skilanglaufwettbewerbe. Und damit drang schließlich und endlich auch die ebenso ungeheure wie niederschmetternde Erkenntnis zu mir durch, weshalb mein Vater mich zu dieser frühen Stunde aufgesucht hatte. Wir waren verabredet. Und zwar für nichts weniger als für einen Skimarathon von neunundvierzig Kilometern Länge. Im Harz. Start: 09:00 morgens.

Diese Information mag diejenigen unter meinen Lesern verwundern, die mich als Punkrocker und Leistungsverweigerer kennengelernt haben. Aber vollständig schließt das Yin das Yang ja nur selten aus. Mein Vater hatte mich schon in jungen Jahren an den Langlaufsport herangeführt, und obwohl ich das elterliche Heim bereits vor geraumer Zeit verlassen hatte und einen Lebensstil pflegte, der eben dort mit Sorge betrachtet wurde, hatten der Alte und ich an der Tradition festgehalten, ein- bis zweimal im Winter gemeinsam ein Rennen zu absolvieren. Nennen wir es familiäre Bindung.

Keine Frage, dass ich auch in diesem Moment der totalen körperlichen wie seelischen Erschöpfung Flagge zeigen musste. Gänzlich unmöglich, meinen Anverwandten derart kurzfristig mit einer Absage zu enttäuschen. Selbstredend war da kurz der Gedanke, einen Magen-Darm-Infekt vorzuschieben, was ja auch trefflich mein desolates Erscheinungsbild erklärt hätte. Aber am Ende gewann das Pflichtbewusstsein aka Sohnesliebe.

Also murmelte ich nur etwas wie *bisschenspätgewordengestern* und versprach dem Herrn Papa, mich in Windeseile anzukleiden.

»Gib Gas«, entgegnete mein Vater, »ich warte im Auto.«

Allein das Zusammensuchen meiner Sportgarderobe erwies sich als echte Herkulesaufgabe. Thermounterwäsche, Skischuhe, mein eigener »Taucheranzug« – das alles lag in den hintersten Winkeln meines Kleiderschranks versteckt und wollte sich weit weniger schnell anfinden lassen als erhofft. Während ich eine Schublade nach der anderen durchwühlte, überkamen mich in kurzer Folge das Bedürfnis zu rauchen (was mir gelang), das Bedürfnis zu kotzen (was mir nicht gelang) und das Bedürfnis, meinen Darm zu entleeren (was mir – dem LSD sei's geklagt – gleichsam verwehrt blieb).

Als ich endlich auf dem Beifahrersitz Platz nahm, sah mein Alter ostentativ auf die Uhr.

»Wir werden uns sputen müssen, Junge. Das wird knapp.«

Aber leider wurde es nicht knapp. Was ich begrüßt hätte. Denn wenn wir den Start verpasst hätten, hätten wir zweifelsohne die Rückfahrt antreten müssen, besser: *dürfen*. Das gepflegte Dahinsiechen auf der Co-Piloten-Position konnte ich mir gerade noch vorstellen, das *aktive* Vorantreiben meines Körpers, noch dazu auf Langlauflatten, dagegen überhaupt nicht. Und so dämmerte ich denn auch nach besten Kräften vor mich hin, betete ein unkonventionelles Vaterunser nach dem anderen (»Lass Lawinen unseren Weg blockieren oder mindestens zwei Reifen auf einmal platzen, oh Herr.«), nur um schließlich von einem energischen *wir sind da* aus allen Hoffnungen gerissen zu werden.

Wie üblich hatte mein väterlicher Vormund vorausschauend geplant, und so blieb noch ausreichend Zeit, unsere Startnummern abzuholen, die Ski mit Wachs zu präparieren und den Leib mit Tee und Traubenzucker zu stärken. Ich ließ das alles über mich ergehen wie ein Kalb, das längst wusste, dass es in Kürze als Schnitzel auf dem Teller eines Ausflüglers enden würde.

»Junge, denk dran: nicht zu schnell angehen«, mahnte mein Alter.

Ich nickte stoisch. Diese Gefahr bestand heute wahrlich nicht.

Was ich dann aber, nachdem ich mich wie ein angefahrener Elch an die Startlinie geschleppt hatte, erleben musste, torpedierte die Aussage meines Vaters auf eine Art und Weise, die ich mir selbst in meinem Acid-Abturn nicht hatte ausmalen können. Kurz nach dem Startschuss erwartete das Teilnehmerfeld ein erster steiler Anstieg, und schon dort zeigte sich, dass mein Alter *verwachst* hatte (wie das im Fachjargon heißt). Ich rutschte nicht zurück (was gut war), kam aber leider auch kaum voran, da der Schnee mit einer Unerbittlichkeit an meinen Skiern haften blieb, als wäre er durch frisch angerührten Beton ersetzt worden. Und das wiederum war schlecht. Noch bevor ich die Steigung bewältigt hatte, klebten unter meinen Latten backsteingroße Klumpen.

Wenn der Ski nicht läuft, bleibt dir nur die Armkraft, lautet eine unwiderlegbare Regel des Langlaufsports. Und so versuchte ich von da an, mit Hilfe der sogenannten Doppelstocktechnik Fahrt aufzunehmen. Aber das gelang mir noch nicht mal ansatzweise. Ich wurde sekündlich langsamer. Und schwächer. Nur um schließlich bei Kilometer 11 oder 12 in den Schnee zu kippen. Und da lag ich dann wie eine Flunder im Bauch eines Hochseetrawlers, genoss das Gefühl, mich endlich ausstrecken zu dürfen, während ein Mitkonkurrent nach dem anderen an mir vorbeizog.

Stehenbleiben wollte keiner. Sicher kein Wunder, wenn man sich die Dopingzahlen im Freizeitsport vor Augen führt. Hier liefen viele mit, die es in jungen Jahren nie zu Meisterehren gebracht hatten. Die wollten sich natürlich nicht von einem Opfer wie mir um die neue Bestzeit gebracht wissen.

»Hey, steh auf!«, riefen ein paar, nur um gleich darauf aus meinem Sichtfeld zu entschwinden.

Aber ich hatte keine Lust aufzustehen. Denn hier, in diesem weißen, frisch bezogenen Bett war es verdammt gemütlich. Und hatte ich mir nach all den Anstrengungen der vergangenen vierundzwanzig Stunden nicht eine kleine Auszeit verdient? Irgendwann drang allerdings die Kälte durch die dünne Haut meines Rennanzugs und mit ihr die Vernunft. Ich konnte hier nicht ewig liegenbleiben. Am Ende erwarteten mich noch Gefrierbrand oder Tod. Also mobilisierte ich alles, was mir an Kraft noch zur Verfügung stand, und hievte mich mühsam zurück in die Senkrechte. Der Letzte des Teilnehmerfeldes hatte mir da schon längst die Hacken gezeigt.

Nach dieser im wahrsten Sinne des Wortes vollzogenen Wiederauferstehung kehrte auch das logische Denken zurück. Ins Ziel würde ich es genauso wenig schaffen, wie zurück zum Start. Da die Strecke allerdings als Rundkurs angelegt war, gab es eine Variante, die deutlich kürzer war, also machbar schien: der Weg links durch den Tannenwald.

Den nahm ich dann auch; fiel mehr als einmal auf die Fresse; ließ mir von Zweigen das Gesicht peitschen, bis ich mich fühlte wie der unbotmäßige Rekrut beim Spießrutenlauf. Aber ich schaffte es. Nach einer gefühlten Ewigkeit empfing meine halbblinden Augen schließlich das rot-weiße Flatterband des Startraums. Dort angelangt, brach ich ein zweites Mal zusammen, wurde nun aber erfreulicherweise von helfenden Händen aufgefangen.

Gleich darauf fand ich mich in einem Sanitätszelt wieder, in dem ich mit elektrolyt-haltiger Flüssigkeit und Apfelsinenspalten aufgepäppelt wurde.

Gerade als ich mich halbwegs erholt hatte, schaute mein Alter durch die Zeltöffnung.

»Junge, so geht das nicht weiter mit dir.«

Ich sah mich außerstande zu widersprechen.

GROSSSTÄDTER UNTER DRUCK

Du fährst im Auto nach Hause und verspürst diesen unbändigen, fast schon brutalen Drang, deine Blase zu entleeren, findest aber partout keinen Parkplatz. Nach gefühlten anderthalb Stunden dann endlich die ersehnte Lücke. Du parkst, steigst aus und sprintest wie ein Irrer in deine Hütte. Leider lebst du in einer WG, und so ist es nicht verwunderlich, dass das Bad besetzt ist.

»Ein Viertelstündchen noch«, ruft derjenige deiner Mitbewohner durch die verschlossene Tür, der es sich gern bekifft in der Wanne gemütlich macht.

Dir fällt die Spüle ein, also schnell in die Küche. Dort allerdings sitzen, je ein Bier in der Hand, fünf Gestalten am Tisch, von denen dir nur eine bekannt vorkommt. In der Spüle selbst lagern Tonnen an dreckigem Geschirr. Vielleicht also besser der Putzeimer?

Du durchsuchst die Abstellkammer, findest den Eimer auch, musst jedoch feststellen, dass dort eine Ratte mit ihrem Nachwuchs nistet. Wenn du dich nicht täuschst, gehört der niedliche Nager einer Mitbewohnerin, die vor zwei Jahren ausgezogen ist.

Gut, dann eben vom Balkon, denkst du (denn jetzt ist eh schon alles egal), probierst es aber vorher noch mal im Bad. Negativ.

»Nur noch ganz kurz die Zehen eintauchen«, kichert der Kiffer.

Aber auch der Balkon bringt nicht die erhoffte Erleichterung. Keine zwei Meter weiter, genauer: auf dem Nachbarbalkon sitzt diese extrem attraktive Medizinstudentin. Sie hebt kurz die Hand und lächelt dir zu.

Den Tränen nahe verlässt du die Wohnung.

HAUS OHNE HÜTER

Naddel und ich
In einer WG
Das ginge klar
Das wäre okay
Sie sucht die Songs raus
Ich roll das Weed
P. Zwegat spielt einsam
An seinem Glied

ALTERSWEISHEIT

Wir hatten nun schon mehr als zwanzig Minuten schweigend an unseren Soja-Milkshakes herumgenuckelt, als mir endlich eine Frage einfiel, die vielleicht geeignet war, das Gespräch wieder in Gang zu bringen.

»Sag mal, Hank ...«

»Nenn mich bloß nicht *Hank*, du verkappter Pazifist. Dein Glück, dass du aus Deutschland kommst.«

Ich schluckte das, wie auch alle anderen Beleidigungen zuvor, tapfer herunter und setzte noch einmal an: »Okay. Also, äh, Charles, mit den ..., also mit den Frauen hattest du doch eigentlich immer Glück. Vor allem mit der letzten.« Ich vermied es dabei krampfhaft, in sein vernarbtes Gesicht zu blicken. »Hast du, was das ... also in dieser Hinsicht vielleicht einen Tipp für mich?«

Bukowski zog kurz an einer der nikotinfreien Kräuterzigaretten, die ich auf seinen Wunsch hin extra beim Apotheker besorgt hatte, hustete danach ausgedehnt, um dem Pool schlussendlich einen gelblichen Batzen Schleim zu überantworten. Dann sagte er: »Alles, was ich über Frauen weiß, habe ich von Katzen gelernt.« Er wandte sich zu mir, und die hornissenartigen Gläser seiner Sonnenbrille bohrten sich einmal mehr an diesem Tag in mein Gehirn wie die Heilige Inquisition in den Zusammenhalt der Dorfgemeinschaft.

»Hast *du* eine Katze?«

»Leider nein«, entgegnete ich.

Den Zusatz, dass ich seit Teenagertagen unter einer Katzenhaarallergie litt, behielt ich wohlweislich für mich.

FÜR IMMER KNALLFROSCH

Die allgemeine Begeisterung in Sachen Weihnachten und Silvester habe ich noch nie verstanden. Wenn ich weiß, dass zeitgleich Millionen von Dummbeuteln »atemlos durch die Nacht« taumeln möchten, stellt sich bei mir einfach keine Feierlaune ein. Warum soll ich mir mit den vielen nationalistischen, rassistischen, homophoben Arschlöchern da draußen, warum soll ich mir mit Menschen, mit denen ich nicht das Geringste gemein habe, dieselben Feste teilen? Da begehe ich doch lieber den 8. Mai im kleinen, aber ausgesuchten Kreis.

So viel zur Theorie. In der Praxis gestaltet sich die Lage dann doch komplizierter. Vor allem zum Jahreswechsel, wenn dich die permanente Knallerei daran erinnert, dass nicht nur nationalistische, rassistische, homophobe Arschlöcher unterwegs sind, sondern auch die meisten deiner Freunde, fällt es nicht leicht, den Abend mit Hausarbeit, Körperpflege oder ähnlich profanen Verrichtungen zu füllen. Spätestens sobald du den Fehler begehst, den Fernseher einzuschalten, ist das Stimmungstief garantiert.

Die beste Lösung des Problems stellt für meinen Geschmack die Flucht ins Ausland dar. Gemeinsam mit ein paar Getreuen ein Ferienhaus mieten, sich dort mit einem nicht zu knappen Vorrat an Rauschmitteln einbunkern und darauf warten, dass der Spuk vorbei ist. Die in dieser

Hinsicht schönste Erinnerung verbinde ich mit einer kleinen schwedischen Insel. Als wir um Mitternacht von der Veranda unserer Hütte in den Nachthimmel blickten, sahen wir mehrere tausend Meter entfernt, eine einzige Rakete aufsteigen. Und das war es dann auch.

Demgemäß hatte ich nichts dagegen, als Kaja im Dezember 2017 vorschlug, vom 29. bis zum 5. nach London zu fliegen. Ihre beste Freundin Marta, die ich ebenfalls schätzte, war erst vor einem Dreivierteljahr dorthin gezogen, und da die beiden sich seitdem nicht mehr gesehen hatten, war ein Besuch ohnehin überfällig.

Dummerweise befiel mich am 28. eine Erkältung. Nicht wirklich gravierend, aber doch beeindruckend genug, um Dinge wie das Anstehen am Check-In-Schalter, lange Fahrten in öffentlichen Verkehrsmitteln oder Streifzüge durchs Nachtleben in einem freudlosen Licht erscheinen zu lassen. Auch der Alkohol, der bei den Zusammenkünften mit Marta und ihrem neuen Boyfriend aka Umzugsgrund zweifelsohne reichlich fließen würde, hatte ganz plötzlich an Reiz verloren. Kein Wunder also, dass ich Kaja vorschlug, ohne mich zu reisen.

»Auf gar keinen Fall«, entgegnete sie. »Wenn du nicht mitkommen kannst, bleibe ich ebenfalls hier und pflege dich.«

Die Vorstellung, über Silvester nicht nur das Bett hüten zu müssen, sondern von meiner Freundin womöglich noch mit Tee und Hühnersuppe bekocht zu werden, erschien mir dermaßen bedrückend, dass ich alles daransetzte, Kaja diesen Floh umgehend auszureden.

Ich führte die Ticketpreise an (schlimm genug, dass meins unvergütet verfallen würde); Martas Vorfreude und die damit einhergehende Enttäuschung; die Tatsache, dass Silvester nur einmal im Jahr stattfand; und hatte schließlich Erfolg.

»Na gut, ich fliege«, sagte Kaja. »Aber du versprichst mir, dass du dich wirklich auskurierst. Und wir telefonieren jeden Tag, okay?«

Ich versprach. Und so hatte ich die Wohnung vom nächsten Abend an für mich.

Wie das manchmal so ist, ging es mir am 31. bereits deutlich besser. Nicht so sehr, dass es mich nach Schnaps und Kokain gelüstet hätte. Aber für das reine Dahinvegetieren fühlte ich mich dann doch zu stabil. Und so schmiedete ich folgenden Plan: Ich würde um Punkt Mitternacht mit dem Verfassen eines neuen Romans beginnen. Ich würde Zeilen von unendlicher Schönheit und großer Wucht in die Tastatur hämmern und mich damit über die einfältigen Kreaturen da draußen erheben, die sich kreischend und johlend dem Irrglauben hingaben, es würde sich, nur weil der Sekundenzeiger einen Strich weitergewandert war, irgendetwas ändern.

Wie immer, bevor ich mich ans Werk machte, warf ich die Kaffeemaschine an, die sich auf einem Aktenschrank neben meinem Schreibtisch befand. Dann verließ ich das Arbeitszimmer wieder, um meine Blase zu entleeren. Als ich danach in der Absicht, ein Paket H-Milch und eine saubere Tasse zu organisieren, einen Abstecher in die Küche unternahm, erreichte bereits der belebende Geruch frisch aufgebrühten Kaffees meine Sinne. Unter normalen Umständen hätte sich das muntere Blubbern der Maschine dazugesellt. Aber das verhinderte der ohrenbetäubende Lärm des Feuerwerks.

Obwohl der Jahreswechsel noch ein paar Minuten entfernt war, hielten es viele nicht mehr aus, endlich Hand an die für teuer Geld erstandenen Batterien und Raketen zu legen.

Wäre der Geräuschpegel niedriger gewesen, hätte ich das Desaster vielleicht ein paar Sekunden früher erahnt. Denn die Kaffeemaschine blubberte nicht. Vielmehr zischte und gurgelte sie, als wäre sie Teil einer Versuchsanordnung im Chemieunterricht. Das aber bemerkte ich erst, als ich ins Arbeitszimmer einbog. Genau wie die braune Lache, die sich sowohl auf dem Aktenschrank als auch davor gebildet hatte.

Offenbar war es zu einer Verstopfung gekommen. Der Kaffee lief nicht in die Kanne, sondern an ihr vorbei. Und daran änderte sich auch nichts, nachdem ich den Stecker gezogen hatte. So schnell würde das Heizelement nicht abkühlen.

Da ich mir nicht anders zu helfen wusste, trug ich die komplette Maschine in die Küche und stellte sie auf die Abtropffläche der Spüle. Dabei ließ es sich nicht vermeiden, dass auch Flur- und Küchenboden verunreinigt wurden. Nur einen Augenblick später war ich, bewaffnet mit zwei Rollen Zewa, schon wieder im Arbeitszimmer und versuchte, die Unterlagen, die auf dem Aktenschrank gelegen hatten, wenigstens notdürftig zu trocknen. Vieles von dem, was ich in die Hand nahm, würde sich wohl nicht mehr retten lassen. Es war einfach zu durchweicht.

Das Feuerwerk, das derweil seinen Höhepunkt erreichte, klang in meinen Ohren wie Hohngelächter. Und die Tortur war ja noch nicht zu Ende. Schließlich wollten auch noch der Schrank selbst, der Fußboden und nicht zuletzt die Maschine gereinigt werden.

Hatte ich keine halbe Stunde zuvor den Plan gehegt, mich über die schnöde Welt zu erheben, rutschte ich nun, das Wischtuch in den Händen, über die Dielen, während sich die Menschen draußen in den Armen lagen. Die Diskrepanz hätte größer nicht sein können.

Es war weit nach eins, als das freudlose Tun endlich ein Ende hatte. Die Lust auf Kaffee war mir vergangen. Stattdessen öffnete ich – meinen hehren Vorsätzen zum Trotz – ein Bier, machte es mir auf der Couch gemütlich und verschickte ein paar Neujahrsgrüße. Unter anderem an Kaja. Ihre Antwort kam prompt. Sie wünschte mir ebenfalls ein glückliches 2018 und schickte mir Küsse.

Demgemäß war ich nicht wenig irritiert, als sie keine zwanzig Minuten später anrief. Sie hatte mit Marta, Martas neuem Freund und vielleicht ein paar anderen das Londoner Nachtleben unsicher machen wollen. Wir hatten uns gerade erst geschrieben. Es gab also keinen plausiblen Grund für ein Telefonat. Entsprechend in Sorge drückte ich die grüne Taste.

»Hey, frohes Neues noch mal. Alles in …?« Weiter kam ich nicht.

»Du Arschloch! Du gottverdammtes Arschloch!«, schrie Kaja.

Ich wollte antworten, wollte sie nach dem Grund für diesen Wutausbruch fragen, wurde aber von einer Hustenattacke daran gehindert.

»Und hör bloß auf zu husten, du Simulant.«

»Kaja, beruhige dich«, krächzte ich, nachdem ich halbwegs zu Atem gekommen war. »Was ist los?«

»Was los ist? Du willst allen Ernstes wissen, was los ist? Du hast die Nachricht für deine kleine Schlampe an mich geschickt, du verkommener Penner. Ist sie schon da? Lacht ihr schon über mich?«

»Kaja, bitte, hier ist niemand. Ich liege ganz allein auf dem Sofa und entspanne mich. Ich habe gerade den Flur geputzt und, äh, die Küche.«

»Geputzt? An Silvester? Nach Mitternacht? Für deinen Besuch oder wie?«

»Nein, die Kaffeemaschine ist übergelaufen.«

»Im Flur?«

So ging es noch eine Zeit lang weiter. Bis es mir nach geduldigem Zureden schließlich gelang, Kaja dazu zu bewegen, mir die ominöse Nachricht vorzulesen: *Keine anderthalb Stunden mehr. Ich kann es kaum noch erwarten.*

»Das habe ich nicht geschrieben«, entgegnete ich. »Weder an dich noch an jemanden anderen.«

»Es klingt aber voll nach dir. Dieser leicht pathetische Ton ...«

»Pathetisch? Was soll'n das heißen?« Nun war *ich* kurz davor, mich aufzuregen. Dann kam mir mit einem Mal die Erinnerung.

»Scheiße, verdammt!«, entfuhr es mir. »Ich *bin* der Absender.«

»Du Arsch! Du gibst es also zu?!«, brüllte Kaja.

»Ja. Aber ich hab das an dich geschickt. Vor etwa drei Monaten. Aus dem Zug. Als ich von dieser Lesung in Leipzig zurückgekommen bin.« Eine Aussage, die tatsächlich der Wahrheit entsprach.

Warum die SMS erst mit dieser massiven Verspätung übermittelt worden war und dann auch noch zu einem Zeitpunkt, an dem der halbe Kontinent Nachrichten versandte, dafür hatte ich natürlich keine Erklärung.

Kein Wunder, dass mir Kaja erst nicht glauben wollte. Aber ich blieb bei meiner Schilderung, leistete zusätzlich alle nur erdenklichen Schwüre und konnte so zumindest die ärgsten Zweifel beseitigen.

»Na gut, vielleicht war es ja wirklich nur ein technischer Fehler«, räumte sie irgendwann ein, woraufhin ich erleichtert das Thema wechselte.

»Jetzt erzähl du mal. Wie ist es in London? Feiert ihr schön?«

»Hör bloß auf, Marta und Johan, also ihr neuer Freund, haben sich richtig derbe gestritten, bis Johan irgendwann abgehauen ist. Danach hat sich Marta so heftig die Kante gegeben, dass sie schon vor Mitternacht völlig hinüber war. Erst hat sie eins von diesen beleuchteten Werbedisplays zusammengetreten, obwohl da tausend Leute rumstanden. Danach hat sie sich von oben bis unten vollgereihert. Ich habe sie gerade noch ins Hotelzimmer schleppen können. Jetzt liegt sie auf dem Bett, gewissermaßen auf deiner Seite, und schnarcht.«

»Na wunderbar. Und was hast du jetzt vor?«

»Ich leere die Minibar und hoffe, dass ich ebenfalls bald einschlafe. Was für ein beschissenes Silvester.«

Ich kam nicht umhin, Kaja recht zu geben.

Nachdem wir uns eine gute Nacht gewünscht hatten, musste ich unweigerlich an die vielen anderen bescheidenen Erlebnisse denken, die mir der Jahresausklang bisher beschert hatte. Einmal war ich auf dem Weg zu einer Party mit fünf Gramm Hasch erwischt worden, was nicht nur den Verlust des Führerscheins, sondern auch eine Vorladung zur MPU, dem sogenannten Idiotentest, nach sich gezogen hatte. Ein anderes Mal war ich, weil ich den Streit zweier

Trunkenbolde hatte schlichten wollen, k.o. geschlagen worden, Nasenbeinbruch inklusive. Auch ich selbst hatte bereits eine Silvesterzwistigkeit zu Buche stehen, zu allem Überfluss auch noch mit einem meiner besten Freunde. Ganze fünf Monate hatten wir danach gebraucht, um uns wieder zusammenzuraufen. Zwei Jahre zuvor waren ebendieser Freund und ich in Begleitung zweier Mädchen auf dem Weg zu einer Festivität, verliefen uns dummerweise (Handys gab es damals noch nicht) und landeten Punkt Mitternacht in der Straßenschlucht einer Hochhaussiedlung. Ob die Leute absichtlich auf uns zielten oder nicht, vermag ich nicht zu sagen. Auf jeden Fall flogen uns die Böller und Heuler dermaßen heftig um die Ohren, als wären wir geradewegs aufs Schlachtfeld getrieben worden, woraufhin eine meiner Begleiterinnen einen halbstündigen Weinkrampf bekam.

Und dann war da noch diese denkwürdige Nacht in Wolfenbüttel anno 1999/2000. Silke hatte mich eingeladen. Ihre Freundin Sandra würde anlässlich der Jahrtausendwende die Mega-Sause geben. Ein Ereignis, das ich auf gar keinen Fall verpassen dürfe.

Ich war ein bisschen verwirrt. Schließlich war Wolfenbüttel nicht unbedingt für seine Ausschweifungen bekannt (auch wenn dort der Partytreibstoff Jägermeister produziert wurde). Aber ich hatte nicht allzu viele Alternativen im Kalender stehen, und da die Neugier schon immer im Stab meiner engsten Berater gesessen hatte, sagte ich zu.

Ich widersprach auch nicht, als Silke, die wie ich in Braunschweig wohnte, mich fragte, ob ich in den Stunden vor der Party auf ihren Hund aufpassen könne. Sie selbst wolle bei den Vorbereitungen helfen, da wäre wahrscheinlich zu wenig Zeit, um mit Kronkorken noch einen ausgedehnten Jahresabschlussspaziergang zu unternehmen. Ich hatte Kronkorken, einen pflegleichten Mischlingsrüden, schon häufiger in meiner Obhut gehabt und da ich ohnehin geplant hatte, die Strecke BS-WF mit dem Auto zurückzulegen, sah ich, was das anging, keinerlei Probleme.

Silke brachte mir Kronkorken am Nachmittag vorbei, und da das Wetter für diese Jahreszeit ausnehmend kommod war (Sonnenschein, Plusgrade, kein Wind), verbrachten der Vierbeiner und ich zwei erquickliche Stunden an der frischen Luft.

Ursprünglich hatte ich vorgehabt, mein Heim gegen 22:30 zu verlassen. Aber dann rief kurz vor zehn ein alter Freund aus Münster an. Danach überkam mich ein kleiner Hunger und der Hund wollte ebenfalls gefüttert werden. Im Anschluss fiel mir auf, dass meine Frisur noch gerichtet werden musste. Und zu guter Letzt brauchte es ein paar Minuten, bis sich meine Purpfeife anfand, die mir für die kommenden Stunden plötzlich unverzichtbar schien. Demgemäß wurde es 23:40, bis Kronkorken und ich endlich das Kraftfahrzeug enterten. Von diesem Punkt an griffen gleich mehrere Regularien: zum einen die Straßenverkehrsordnung, zum anderen die Gesetze der Physik oder Mathematik und schließlich die unwiderlegbare Lust des Menschen, sich an der Pein seiner Artgenossen zu weiden, auch Schadenfreude genannt.

Da ich nur so schnell fahren konnte, wie ich eben durfte (inklusive der üblichen Toleranz), erreichte ich Wolfenbüttel zwei Minuten nach Mitternacht. Nicht überraschend, dass sich an der Hauptstraße, die das Städtchen beinahe schnurgerade durchzog, zu diesem Zeitpunkt Zehntausende versammelt hatten, die nur auf einen Irren wie mich gewartet zu haben schienen. Kronkorken und ich saßen im einzigen Auto, das sich in diesem Moment bewegte. Kein Wunder also, dass sich mindestens jeder Dritte bemüßigt fühlte, seine Knallkörper auf Motorhaube, Windschutzscheibe oder Dach des Wagens landen zu lassen.

Das allein wäre noch erträglich gewesen. Ebenso die Tatsache, dass alle naselang unvermittelt Leute auf die Straße sprangen. Was die zwei Kilometer, die wir vor dem ersten Abzweig zu bewältigen hatten, jedoch zu einem echten Höllenritt werden ließ, war dies: Kronkorken reagierte auf den Beschuss hochgradig sensibel (was ich ihm nicht verdenken konnte). Er bellte wie verrückt, sprang auf der Rückbank hin und her, als wäre er in ein Klapperschlangennest geraten, und versuchte zwischendurch immer wieder, sich durch die Lücke zwischen Fahrer- und Beifahrersitz zu zwängen und auf meinen Schoß zu gelangen. Ich wehrte ihn mit der Rechten ab, so gut es ging, ohne dabei die Straße aus den Augen zu lassen. Nicht dass ich am Ende doch noch mit einem der vielen Feuerwerksenthusiasten aka Gefahrensucher kollidierte. So mussten sich Teilnehmer der Tour de France kurz vor der Ankunft in Alpe d'Huez fühlen. Parallelen zum weiter oben beschriebenen Weinkrampf taten sich auf. Mit dem kleinen, aber feinen Unterschied, dass es diesmal ich selbst war, der mit dem Gedanken liebäugelte, für die Dauer der nächsten dreißig Minuten in Tränen auszubrechen.

Als wir endlich unser Ziel erreicht hatten, war ich mit den Nerven derart am Ende, dass ich ohne zu zögern Heroin gespritzt hätte, wäre mir in diesem Moment von unsichtbarer Hand das entsprechende Besteck angereicht worden. Immerhin winkte die Aussicht auf Alkohol, begleitet von dem beglückenden Umstand, dass ich Kronkorken in wenigen

Augenblicken den Händen seiner Halterin übergeben durfte. Und so kehrte, als ich die Klingel zu Sandras Wohnung betätigte, die gute Laune umgehend zurück. Ich hatte das Höllenfeuer durchquert. Nun würde ich umso freudvoller in die Wonnen des Paradieses eintauchen. Hatte Silke nicht von der Feier des Jahrtausends gesprochen? Ich war bereit für alle Exzesse dieser Erde. Ich war mehr als bereit.

Meine Enttäuschung, als ich, nachdem Kronkorken und ich die Stufen zum zweiten Stock absolviert hatten, in ein Zimmer gelotst wurde, in dem sich neben Sandra und Silke nur noch ein weiterer Mensch, konkret: ein verpickelter Jüngling namens Rainer aufhielt, kann demgemäß nur als grenzenlos beschrieben werden. Wo waren all die Party-People? Wo war die laute Musik? Wo die Champagnerbar?

Egal, die drei hatten je ein Bier in der Hand. Und Bier brauchte ich nun mehr denn je. Also fragte ich Sandra, wo die Flaschen gelagert wären.

»Im Kühlschrank in der Küche. Einfach geradeaus übern Flur«, lautete die Antwort.

Ich folgte der Anweisung, öffnete die Küchentür und hatte den nächsten Schock zu bewältigen. Am Esstisch zu meiner Linken saßen vier Glatzen. Was ja erst mal nicht allzu dramatisch gewesen wäre. Einen der vier kannte ich allerdings vom Sehen. Er hieß Jörn und war ausgewiesener Naziskin. Demgemäß war davon auszugehen, dass auch die anderen drei nicht unbedingt der SHARP-Fraktion angehörten. Ich wiederum war mit Stachelfrisur und Lederjacke ohne Weiteres als Punker, also klar als Feindbild zu erkennen. Für den Bruchteil einer Sekunde wünschte ich mich zurück in das vergleichsweise entspannte Szenario auf der Hauptstraße. Dann nahm ich all meinen Mut zusammen, murmelte ein frohes Neues (aus dem, so ich es in diesem Moment hätte in Schriftform äußern müssen, vor lauter Angst wahrscheinlich ein *frohes NOi!es* geworden wäre) und schritt beherzt zum Kühlschrank. Während ich demselben eine Flasche Wolters entnahm, spürte ich die Feindseligkeit in meinem Rücken so deutlich, als wären die Blicke keine Blicke, sondern die Drähte von Tasern, die sich in meinem Hinterkopf verfangen hatten.

Noch bevor ich zurück in Sandras Zimmer war, hatte ich beschlossen, diesen ungastlichen Ort umgehend wieder zu verlassen. Und an diesen Plan hielt ich mich dann auch. Ich exte das Wolters und verkündete meinen Abschied.

»Aber du bist doch gerade erst gekommen«, hielt mir Sandra entgegen.

»Tut mir leid. Die Typen in der Küche ...«, erwiderte ich.

»Typen?« Sandra sah mich konsterniert an. »Das ist mein neuer Freund. Mit seinen Kumpels.«

Nun hatte ich es noch eiliger.

»Aber wir wollten doch noch Blei gießen«, sagte Silke.

Ich sah mich außerstande, mit weiteren Höflichkeiten aufzuwarten, murmelte einen letzten Gruß und machte mich vom Acker.

Kronkorken wedelte bei meinem Abgang träge mit dem Schwanz. Hätte er nur ansatzweise verstanden, wo er gelandet war, er wäre gewiss mit mir gekommen.

Wieder auf der Hauptstraße hätte der Unterschied drastischer nicht sein können. Die Fahrbahn wurde nur noch vereinzelt von kleineren Gruppen gesäumt, deren Munitionsvorräte weitestgehend aufgebraucht schienen. Das letzte Bild, das ich mitnahm, war ein besoffener Typ, der kurz vorm

Ortsausgang träge an einer Hausmauer lehnte und sich die Böller, die er aus einer randvollen Plastiktüte zog, ohne den Hauch einer Emotion vor die eigenen Füße schmiss. Partyhauptstadt Wolfenbüttel.

Aber gut, all das war zum Glück lange her. Naziskins waren mir im privaten Raum schon ewig nicht mehr begegnet.

Ich leerte die Flasche und griff nach meinem Handy. Vielleicht hatte mir Kaja noch mal geschrieben. Hatte sie nicht. Dafür befand sich eine Nachricht von Lukas auf meiner Mailbox. Reichlich angetrunken hatte er dies für mich hinterlassen: »Marian hat mich wieder betrogen. Ich bringe mich heute Nacht definitiv noch um.«

Ich holte mir ein neues Bier aus dem Kühlschrank und wählte seine Nummer. Silvester war einfach nicht mein Tag.

WENN ICH ETWAS GEBE, GILT: DEUTSCHE BETTLER FIRST!

(alle anderen könnten ja bandenmäßig organisiert sein)

Es ist doch so: Bekommst du von einem dicken Typen aufs Maul, denkst du instinktiv: *das fette Schwein.* Poliert dir jemand das Fressbrett, der so aussieht, als ob seine Eltern oder Großeltern aus der Türkei stammen könnten, klopft mit hoher Wahrscheinlichkeit ein *scheiß Kanake* an die Pforten deines Bewusstseins. Niemals würde dein Gehirn in derartigen Momenten Begriffe wie *Jüngling mit Adipositas* oder *impulsgesteuerter Jugendlicher mit Migrationshintergrund* ausspucken.

Was *Kanake* bedeutet, weißt du nicht. Aber es klingt abfällig. Das genügt. (Viele Beleidigungen werden ja eher instinktiv verstanden, *Bastard* etwa.)

Bei Türken zu Hause warst du schon. Während einer Reise an die Schwarzmeerküste. Dass sie dich dort in ihre Wohnstuben eingeladen haben, erschien dir selbstverständlich. Südländische Gastfreundschaft eben.

Du selbst hast noch nie Fremde in deine Hütte gelassen – calvinistische Zurückhaltung, auch *German Angst* genannt –, maximal Bekannte von Bekannten (natürlich alles Leute mit Bezug zu deinem Kulturkreis).

Aber Türken und andere *Gastarbeiterkinder*, wie das damals hieß, gehörten ja auch schon in der Schule nie richtig dazu. Schweigsame, zurückhaltende Gestalten, die oft seltsam angezogen waren und manchmal seltsam rochen. Höchstens beim Fußball auf dem Pausenhof erfuhren sie eine gewisse Wertschätzung. Natürlich nur, wenn sie kicken konnten.

Später, in der Punkszene, hattest du so gut wie nur noch mit Kartoffeln zu tun, nicht selten Kinder aus den besseren Vororten. Ein kurzes Zwischenspiel mit deiner Band im Übungsraum des türkischen Jugendzentrums. Wie hieß das gleich noch? Selam? Salam? Egal, es klang in jedem Fall fremd, war wohl auch nicht so wichtig. Geredet hast du dort eh nur mit den deutschen Sozialarbeitern. Die Jugendlichen, mit denen du und deine Freunde euch die Lautsprecheranlage teilen musstet, waren zu weit weg von deiner Lebenswirklichkeit. Allein schon diese seltsamen Instrumente – dickbauchige Lauten oder Gitarren mit langen Hälsen, die unzweideutig nach Folklore und damit gänzlich uncool aussahen.

Mitte der 80er, bei den ersten Demos, auch wieder nur Bleichgesichter. Irgendwann tauchten die Kurden auf. Aber die blieben lieber unter sich (zumindest hast du dir das eingebildet), trugen merkwürdige Fahnen, auf denen sich ein dicker Typ mit buschigem Schnauzbart präsentierte. Ohnehin die Demos: Der schwarze Block war irgendwann nicht mehr wegzudenken, je nach Anlass beinahe omnipräsent. Aber Schwarze waren da so gut wie nie zu sehen. Mit denen hattest du in anderen Zusammenhängen zu tun. Da war dieser Überfall nachts in Manhattan. Sieben oder acht Typen (»Today is my birthday!«), bei denen du deine gesamte Barschaft abliefern musstest. Oder dieses Trio am Münchner Hauptbahnhof, das dir und deinem Kumpel erst Gras angeboten und dann versucht hat, dein Handy zu stehlen.

Apropos: Beim Drogenkauf bist du danach noch zweimal abgezogen worden. Einmal gab es Waschpulver statt Kokain. Beim zweiten Mal war gleich gar nichts im Stanniolkügelchen. Aber ups, da fällt dir gerade ein: Die Verkäufer, respektive Abzocker waren ja in beiden Fällen Weißbrote. Kein Grund für dich, in Nachdenklichkeit zu verfallen. Stereotype, strukturelle Gewalt, wirtschaftliche Ungleichheit, Fluchtursachen, Residenzpflicht für Asylbewerber – das alles ist doch reichlich kompliziert, ja, regelrecht verwirrend. Und gute Laune macht es auch nicht.

Lieber zu dieser Kundgebung gegen Nazis und Rassisten. Das ist 'ne klare Angelegenheit. Aber vorher noch schnell einen kiffen. Roten Libanesen. Oder Schwarzen Afghanen vielleicht. Der ballert immer so schön.

(Geschrieben im Sommer 2018 anlässlich der Veranstaltung »Rock Against Racism« in Bayreuth.)

WOLLUST IN ZUNGEN

I

Kennengelernt hatten wir uns über eins dieser Dating-Portale. Ich erwartete also nicht allzu viel, genauer: Ich erwartete gar nichts, war vielmehr auf ein Maximum an Schwierigkeiten und Enttäuschungen eingestellt. Ich meine, hey, ein Internetdate! Vielleicht hatte sie eine schrille Stimme, eine Vorliebe für Sex mit Nagetieren oder radikal krude Ansichten. In den Nachrichten, die sie mir hatte zukommen lassen, war zwar nichts davon zu erkennen gewesen. Aber was hieß das schon?

Sie kam aus Osnabrück, was ich als Vorteil empfand. Großstädter versus Kleinstadtpflanze. Es würde mit hoher Wahrscheinlichkeit ein Leichtes sein, sie zu beeindrucken. Das Programm, mit dem ich sie für mich einzunehmen gedachte, stand jedenfalls schon fest. Essen in diesem koreanischen Laden, wo du per iPad bestellen konntest, eine Hafenrundfahrt mit der HVV-Fähre, danach in verschiedene kleine Bars (nicht zu schick, nicht zu ranzig) und vielleicht noch ins Spielcasino. Glücksspiel hatte bisher noch immer gezogen. Warum Frauen (und nicht nur Frauen) so sehr darauf abfuhren, hätte ich nicht sagen können. Vielleicht war es diese Mischung aus »großer, weiter Welt« und Gefahr (wenn auch nur Gefahr für den Geldbeutel).

Während ich am Bahnhof auf sie wartete, schickte sie mir Kurznachrichten: »Jede Menge besoffene Fußballfans im Zug. Voll widerlich.« »Der Asi vor mir glotzt mir die ganze Zeit auf die Titten.«

Ich rechnete fest damit, mich gleich mit einer Übermacht prügeln zu müssen. 🙃😟 Aber dankenswerterweise stieg sie alleine aus. 🙌

Die Erleichterung darüber wurde umgehend von dem Gefühl abgelöst, das mir ihre Erscheinung bescherte. Sie sah magisch aus. Mittelgroß; endlos lange, tiefschwarze Haare; ein Gesicht, das in verschiedenen Epochen für Gemälde getaugt hätte – eine zierliche, himmelwärts gerichtete Nase, hohe Wangenknochen, volle Lippen.

Sie trug einen halblangen, roten Rock und ein armloses, tiefausgeschnittenes Matrosenshirt.

Während ich versuchte, nicht auf ihre Titten zu glotzen 🙃, dachte ich darüber nach, wie ich sie begrüßen sollte. Letztlich wurde es eine unbeholfene Mischform aus Umarmung und Kuss auf die Wange. 😬😅

Dann nahm ich ihr den Rollkoffer 🧳 aus der Hand. Ein Rollkoffer, hell yeah! Für mich das maximale Gegenteil von Sinnlichkeit. Und dann auch noch in zartrosa. Aber zu ihr passte das. Sie hätte auch eins dieser grausigen MCM-Täschchen, Schuhe mit XXL-Plateau oder eine Leggins mit Luke-Skywalker-Aufdruck tragen können, ohne dass es das Auge des Betrachters beleidigt hätte.

Für Lana – so hieß das Gottesgeschenk, dessen Nähe ich mit ein bisschen Glück die nächsten achtundvierzig Stunden würde genießen dürfen – galten andere Maßstäbe. Und dies nicht nur in Sachen Mode. Das war mir sofort klar. 😌

Im Taxi 💁 zu mir. Den Rollkoffer abparken. Kurzer Rundgang durch die Bude. Blick aufs Bett. Die übliche Befangenheit. Und mein ebenso unnötiger wie alberner Spruch: »Ich kann nachher auch im Arbeitszimmer schlafen.« 🤪

Dann ins Restaurant. U-Bahn 🙃 diesmal. Denn: Ein bisschen urbanes Lebensgefühl sollte es schon sein. 👏

Der Laden war knackevoll (für einen Freitagabend nicht ungewöhnlich). Klugerweise hatte ich reserviert. 🙌 Also lässig vorbei an der Schlange der bedauernswerten Amateure. 💁 Tisch für zwei. Endlich Alkohol. 🍾 💃 Und das iPad, das nur darauf wartete, unsere Befehle entgegenzunehmen. 🤪

Dass Lana die Idee gefiel, verriet die Lust, mit der sie ihre Bestellungen aufgab. Ihre Augen 👁 verrieten, dass auch ich ihrem Geschmack nicht grundsätzlich zu widersprechen schien. Zumindest bildete ich mir das ein. 😉

Sie aß mit gesundem Appetit, ich mit der Kraft der Vernunft. Nur nicht zu schnell zu besoffen werden. 😅 An Gesprächsstoff herrschte kein Mangel. Denn auch wenn sie aussah, als ginge es ihr vor allem um Äußerlichkeiten, blöd war sie nicht. Blöd war sie ganz und gar nicht. 😌 Sie kannte sich in Kunst und Literatur aus, hatte, obwohl sie weit jünger war als ich, deutlich mehr Klassiker gelesen. Sie studierte Soziologie und Politik, konnte sich aber auch über so abseitige Dinge wie Wrestling oder Zombiefilme 🧟 auslassen. Kurzum: Sie war geistreich und schlagfertig, ich war vor allem hingerissen. 😊

Nachdem wir uns fast eine Stunde lang durch die Karte gearbeitet und dazu ausreichend Bier und Sake getrunken hatten, wechselten wir in die kleine Kaschemme gegenüber. Elektrobeats und Kippen 🚬. Weiteres Bier 🍻 und Mexikaner. 🙃

»Küss mich«, sagte ich irgendwann, so unvermittelt wie geplant.

Eine Aufforderung, die mit einer Zurückweisung hätte enden können. Das Wagnis war allerdings überschaubar. Denn gerade die, durch diesen Satz zum Ausdruck gebrachte Risikobereitschaft erhöht natürlich die Chance, dass dein Gegenüber dich nicht zurückweist, um ein Vielfaches.

Lana jedenfalls zögerte keine Sekunde. Sie öffnete diese so außerordentlich sinnlichen Lippen die entscheidenden Millimeter, dann lernten sich auch unsere Zungen kennen. Den angedachten Casinobesuch hatte ich da längst verschoben. Morgen würde dafür noch genug Zeit sein.

Wir blieben keine halbe Stunde mehr. Raus in die Juninacht. Weitere Küsse. Hektisches Fummeln am Straßenrand, hektisches Winken nach einer Droschke. Auf der Rückbank griff ich Lana zwischen die Beine, schob ihr den Slip zur Seite.

Dann ein nächster Test, deutlich riskanter diesmal. Während meine Rechte ihre Fotze erkundete, brachte meine Linke ihre Schenkel mit sanftem Druck dazu, sich ein Stück weiter zu öffnen. Danach musste ich nur noch ihren Rock nach oben schieben. Und zwar so hoch, dass der Fahrer, ein etwa sechzigjähriger Typ, einen guten Blick auf das Geschehen erhielt. Der machte dann auch reichlich Gebrauch von diesem speziellen Angebot und schielte immer wieder in den Rückspiegel.

Lana hatte den Kopf zurückgeworfen und die Augen geschlossen. Dennoch musste ihr klar sein, dass wir beobachtet wurden, dass *sie* beobachtet wurde.

»Stimmt so«, sagte ich, als ich die angezeigten 15,30 € mit

einem Zwanziger bezahlte. Keine Zeit für Wechselgeld 💶. Der Fahrer lächelte wissend.

Haus- und Wohnungstür waren Hindernisse, die in diesem Moment geradezu surreal anmuteten, als würde vor dir auf der Autobahn plötzlich eine Herde Mammuts auftauchen. Ich hantierte mit den Schlüsseln wie ein Süchtiger, der nach zwei schlaflosen Nächten endlich ein halbes Gramm ergattert hat und sich nun den verdienten Schuss setzen will.

Es hätte nicht viel gefehlt, und wir hätten es gleich im Flur getrieben. Aber irgendwie schafften wir es doch noch aufs Bett. Ich bekam Lust, grob zu werden, zwängte Daumen, Zeige- und Mittelfinger der rechten Hand in Lanas Mund, ertastete Gaumen, Zähne und Mundhöhle wie ein Viehhändler, ohne dabei meine Gier zu verbergen. Danach wieder Küsse, zärtlicher diesmal. 🥰

Als ich in sie eindrang, schrie sie kurz auf. Und für den Bruchteil einer Sekunde beherrschten Angst und Irritation mein Kommandodeck. Aber dann ergab sich alles Weitere von selbst. Nichts fühlte sich falsch an. Atem, Haut, Bewegung. Keine konkreten Gedanken mehr, nur noch Synchronität.

Später, wenn ich an diesen Moment zurückdachte, fühlte ich mich an Menschen erinnert, die ewig und drei Tage denselben Ernstfall trainieren: Soldaten, Bullen 👮, Notärzte 🚑. Und wenn er dann eintritt, der Ernstfall, regiert der bloße Automatismus. So war es auch mit Lana und mir in dieser ersten Nacht.

Irgendwann bekam ich Lust, meine eigene Stimme zu hören 🎶.

»Ich habe kurz darüber nachgedacht, ob ich das Taxi

nicht weiterfahren lasse. Auf irgendein Brachgelände«, sagte ich und zwang mich, sie langsam und sanft zu ficken.

Sie gab keine Antwort, also hakte ich nach.

»Was denkst du, warum?«

»Ich weiß nicht«, entgegnete sie in einer Art, die verriet, dass sie sehr wohl wusste, worauf ich hinauswollte. 🧐

Und das sagte ich dann auch.

»Ich denke, das weißt du ziemlich genau.«

»Nein.«

»Ganz einfach: um dich dort auf der Motorhaube zu ficken. Natürlich, während der Fahrer zusieht.«

Sie stöhnte nur und grub ihre Finger tiefer in meine Oberarme. Und spätestens da wusste ich, dass ich sie nicht so schnell hergeben würde. 🥰

II

Am nächsten Tag dann die geplante Fahrt mit der Fähre 🛳️. Der Profi lässt ja die Ausflugsboote, die dir für den vierfachen Preis auch nicht mehr bieten als einen abgehalfterten Fremdenführer mit Alkoholproblem und einem unendlichen Repertoire an Schwiegermutterwitzen, links liegen und wählt stattdessen ein Schiff des Hamburger Verkehrsverbundes. Dieses Vorgehen bietet nebenher – zumindest, wenn du im Besitz einer Tageskarte bist – noch den Vorteil, dass du an jeder Anlegestelle aus- und nach Belieben wieder einsteigen kannst. 🤓💁‍♀️

Später Nachmittag, Sonnenschein 🌞, Touristenmassen. Lana trug ein hauchdünnes, dezent geblümtes Sommerkleid 👗 und sah dermaßen scharf aus 🤤, dass ich das Gefühl bekam, der nächstbeste Typ könne gar nicht anders, als sie mir physisch zu entreißen, wenn ich nur einen Zentimeter von ihrer Seite wich. 👿 Wir fanden einen Platz an der Reling und schauten über die Elbe 🌊.

»Flüsse mag ich«, sagte Lana. »Am liebsten, wenn sie dunkel und schlammig sind. Das Meer ist mir fremd.«

Ein Mensch, der dem Meer nichts abgewinnen konnte? Das schien nicht minder fremd und ungewöhnlich. 🤨 Und selbst ein wenig dunkel. Und der sich anschließende Kuss hatte wohl vor allem die Absicht, den feinen Riss, den diese Bemerkung möglicherweise hatte entstehen lassen, sogleich wieder zuzukleistern, bevor sich Schädlinge im Gespinst unserer beginnenden Zweisamkeit einzunisten vermochten.

Wieder bei mir, forderte ich Lana auf, für mich zu masturbieren. Die Abendsonne zeichnete harte Schatten ins Schlafzimmer. Das weiße Laken, das ich zwei Tage zuvor extra aufgezogen hatte, verlieh dem Raum zusätzliche Magie, so als wären wir im Urlaub 🏝, als wäre es nicht meine Wohnung, in der wir uns aufhielten.

Ich saß auf einem Stuhl dem Bett gegenüber und rieb meinen Schwanz. Als ich Anstalten machte aufzustehen und mich ihr zu nähern, gebot Lana mir Einhalt ❌.

»Nein, nur zuschauen«, sagte sie.

Keine zwei Stunden später schaute ich ihr noch einmal zu, beinahe genauso interessiert. Sie stand vor dem Spiegel und schminkte sich fürs Casino 🎰, ich saß mit Kippe und Bierflasche auf dem Badewannenrand 🛁. Es hatte mich schon immer fasziniert, wie Frauen sich mit vergleichsweise wenig Aufwand neu erfanden, manchmal gar einen kompletten Wandel ihrer Persönlichkeit vornahmen. 🤭😬

All die Tuben und Tiegel 💄, die geheimnisvollen Tinkturen, die seltsamen Werkzeuge. Wäre das Studium sich pudernder Frauen ein Beruf, ich hätte ihn nach der Schule ohne zu zögern ergriffen. Zur Not auch ohne Vergütung. Der ewige Zauberlehrling 🧙.

Der Besuch im Casino erwies sich als der erhoffte Glücksgriff: Lana war noch nie dort gewesen und zeigte sich entsprechend beeindruckt. 😌 Und die Croupiers liebten sie, flirteten mit ihr, ließen den rauen Charme spielen, der ihren Berufsstand auszeichnet. Ich goutierte das mit einem Lächeln. Wir verloren zwar durchgehend, besser: *ich* verlor, denn es waren meine zweihundert Euro, die sich am Roulettetisch nach und nach in Luft auflösten. Aber das interessierte mich noch nicht mal am Rande. Im Gegenteil. Lana war bei mir. Es gab eine Bar 🍸🥃🍾 und eine Terrasse, auf der wir rauchen 🚬 konnten. Und je eher die Kohle verzockt war 🃏♠️❤️, desto schneller wären wir wieder bei mir, um das anspruchsvollste aller Spiele zu spielen. 😉

Trotzdem ließen wir uns Zeit, setzten nur hin und wieder wenige Jetons, wobei ich darauf bestand, dass Lana die Zahlen aussuchte. Dazwischen beobachteten wir das Treiben der anderen oder besuchten mit einem Drink in der Hand die Terrasse.

Als wir wieder mal dort standen und Schadstoffe ☠️ in die laue Nachtluft bliesen, quatschte mich ein besoffener Typ an. Ob ich dieser Fußballprofi ⚽ wäre. Er nannte den Namen zum Spieler. Der sah, wie ich fand, nicht nur ganz anders aus als ich (den rasierten Schädel 👨‍🦲 mal ausgenommen), sondern benahm sich in der Öffentlichkeit auch regelmäßig wie ein Vollidiot ☠️. Aber ich war dem Trunkenbold nicht böse. Denn der Grund für seine Fehlannahme waren ja nicht mein billiger Anzug oder meine nicht vorhandene Rolex ⌚ sondern die Frau an meiner Seite. Wer sich mit Marienerscheinungen 🤩 wie Lana umgab, konnte in den Augen 👁 der anderen eben nur prominent oder reich sein.

III

Es dauerte nicht lange und wir trafen uns regelmäßig. Zwei- bis dreimal im Monat am Wochenende. Immer bei mir. Was nicht *meinem* Wunsch geschuldet war. Ich reise gern mit dem Zug 🚆. Vor allem der Liebe wegen. 🥰 Dieses langsame Ansteigen der Vorfreude 🤗, die Ankunft, das Umschauen auf dem Bahnsteig. (Ist sie da? Oder hat sie sich in letzter Sekunde umentschieden?) Wer schätzt sie nicht, diese Segelregatta ⛵ im Kopf, diese windumtoste Wettfahrt von Hoffen und Bangen? Aber Lana bestand auf Hamburg. Kurzzeitig hatte ich den Verdacht, sie könne einen Freund haben (wobei *Verdacht* zu negativ klingt, *Annahme* ist das bessere Wort). Aber dafür fehlte jede Grundlage. Es kam selten vor, dass ich sie nicht erreichte beziehungsweise über einen längeren Zeitraum keine Rückmeldung von ihr erhielt; egal, ob ich sie anrief oder ihr eine Nachricht schickte 🤳. Und selbst wenn sie einen Freund gehabt hätte, es hätte mich nicht gestört. 😌

Sex spielte bei unseren Begegnungen die Hauptrolle. Was nicht heißen soll, dass wir nichts anderes unternahmen. Es verstrich kein einziges Wiedersehen, ohne dass wir nicht wenigstens essen gingen, oft auch ins Kino 🎥 oder in irgendeine Bar. Aber wir verbrachten eben die meisten Stunden 🕰 damit, den anderen, besser: die Lust des anderen zu erkunden und dieser Lust nach besten Kräften Erfüllung zu verschaffen. Und wenn wir ausgingen, dann mit dem Wissen, dass wir es, sobald wir zurückgekehrt wären, mit hoher Wahrscheinlichkeit erneut miteinander treiben würden.

Vor allem der Samstag war in dieser Hinsicht von Bedeutung. Freitagnacht liebten wir uns wild und impulsgesteuert. Meist hatten wir uns, noch während Lanas Zugfahrt, gegenseitig mit Kurznachrichten aufgegeilt. Ein, zwei alkoholische Getränke (Bier für mich, Weißweinschorle für Lana), um das Gefühl der Entfremdung wegzuspülen, das sich gern einstellt, wenn Menschen, die stark für einander empfinden, sich ein oder zwei Wochen lang nicht gesehen haben. Dann gab es nur noch den faradayschen Käfig namens Begierde. Wir fickten bis in die frühen Morgenstunden. Unterbrochen von weiteren Drinks, Zigaretten und vertrauten Gesprächen oder einer Mahlzeit, die wir oft genug im Stehen in der Küche verschlangen.

Samstags dagegen war unser Sex weit experimenteller, auf eine ruhige, fast schon klinische Weise. Wir standen meist nur kurz auf (manchmal auch gar nicht), für einen Kaffee, eine Dusche oder ein Bad in der Wanne. Danach zogen wir uns wieder ins Bett zurück, genossen den Anblick unserer Körper bei Tageslicht und gaben uns ausgedehnten Spielen hin. Sprache spielte dabei stets eine Rolle, war für uns beide ein unverzichtbarer Baustein auf dem Weg in die Ektase. Und so war es nichts Besonderes, als Lana irgendwann sagte: »Erzähl mir was Versautes aus deiner Vergangenheit.«

Ich hielt kurz inne und überlegte. Aber wie so oft, wenn du mit deiner Antwort dem anderen partout eine Freude machen möchtest, war auch mein Kopf in diesem Moment einzig von weißem Rauschen erfüllt. Erinnerungen tauchten auf, wollten sich aber nicht festhalten lassen. Ganz so, als würden sich die Blasen in einer Lavalampe mit hundertfacher Geschwindigkeit bewegen. Nach einer gefühlten Ewigkeit gelang es mir schließlich doch, ein Bild einzufangen: Eine Ex-Freundin von mir, die es gern an öffentlich zugänglichen Orten getrieben hatte. Vor allem in Abrisshäusern. Mit der war ich mal auf einem Friedhof gelandet. Tagsüber. Und während ältere Damen sich der Grabpflege widmeten, hatten wir eins der Gräber entweiht (zumindest nach christlichen Maßstäben). Davon erzählte ich nun. Aber Lana war nicht zufrieden.

»Ich meine nicht diese Art von Geschichten, du Angeber. Ich meine etwas wirklich Unanständiges.«

Diesmal war mein Gehirn schneller. Nachdem ich mich erneut gesammelt hatte, spuckte es folgenden Jugendschwank aus: Ich war randvoll in einer Kneipe im Rotlichtviertel gelandet. Nachdem ich dort weitere Getränke in mich hineingeschüttet hatte, musste ich irgendwann feststellen, dass mir die Kohle ausgegangen war. Wie genau es dazu kam, dass mir meine Thekennachbarin daraufhin das Angebot unterbreitete, gemeinsam ihre Wohnung aufzusuchen und dort weiterzutrinken, entzieht sich meiner Erinnerung. Vielleicht hatte ich sie angeschnorrt. In jedem Fall landeten wir kurz darauf bei ihr.

Sie war sicher nicht älter als fünfzig, erschien mir mit meinen achtzehn oder neunzehn Jahren aber fast schon betagt. Das störte mich jedoch genauso wenig wie ihr ungepflegtes Äußeres. Ihre Hausbar war gut gefüllt, und Gespräche werden ja nur höchstselten als langweilig empfunden, wenn die Beteiligten alkoholisiert genug sind. Was genau sie zu erzählen hatte, haben die 1,9 Promille 😬 mit sich gerissen, die ich zu diesem Zeitpunkt sicher schon auf dem Kessel hatte. Ich weiß nur noch, dass viel Trauriges dabei war. Als sie irgendwann Sex wollte, war ich nicht überrascht. Sie roch ungewaschen, nach Schweiß und Urin. Aber aus einer primitiven Verpflichtung heraus entschloss ich mich, sie wenigstens zu lecken. Trotz meiner hohen Alkoholisierung hielt ich das nicht lange durch. Als ich allerdings Anstalten machte aufzustecken, packte mich meine Gastgeberin kurzerhand mit beiden Händen am Kopf und zwang mich dergestalt, mein Werk zu vollenden. 🏁

»Oh Gott, ist das widerlich!«, stöhnte Lana gleich mehrmals hintereinander, als ich ihr nun von dieser Begebenheit erzählte 😫 (wobei ich mich vor allem auf den letzten Teil der Story konzentrierte). Aber es war nicht zu überhören, dass jedes neue Detail ihre Geilheit weiter anfachte, dass es also gerade dieses »Widerliche« war, das ihre Lust befeuerte. 🚀

Von da an kamen wir nicht mehr raus aus der Nummer. 🤖 Regelmäßig forderte Lana nun Nachschub aus der Futtertüte namens *erotische Erinnerungen.*

»Aber erst eine Geschichte«, verlangte sie, wann immer ich vorschlug, die Gangart zu erhöhen. 🤓

Ich hatte nichts dagegen. Im Gegenteil. In den meisten Fällen hatte ich mir bereits im Vorfeld etwas überlegt, das geeignet schien, Lanas Interesse zu wecken. Und natürlich ließ ich keine Gelegenheit aus, meine Schilderungen 📝 auszuschmücken. Nach nicht allzu langer Zeit kam allerdings der Tag, an dem mein Vorrat aufgebraucht, sprich: die Futtertüte 🦔 leer war.

Aber auch darauf hatte ich mich vorbereitet. Immerhin war ich Schriftsteller 📚, konnte mich also auf gewisse Erfahrungswerte in Sachen Einfallsreichtum 💡 verlassen. Und dann waren da natürlich noch die hunderte, wenn nicht gar tausende von Pornos 😏, die ich seit den goldenen Tagen meiner Jugend in Wort, Schrift und Bild konsumiert hatte. Ich begann also, Erlebnisse zu erfinden.

Aber Lana merkte das.

»Nicht schwindeln«, sagte sie mehr als einmal, womit sie mich regelmäßig in die Bredouille brachte, denn mein Munitionsvorrat bestand zu diesem Zeitpunkt nun mal ausschließlich aus Münchhausiaden 💣.

Schlimmer noch waren die Momente, in denen sie nichts sagte, sondern mich nonverbal spüren ließ, dass ich sie nicht länger in meinen Bann zu ziehen vermochte. Ich versuchte, mich mit allem, was ich hatte, in die Protagonisten meiner Schilderungen hineinzufühlen. Am Ende bemühte ich gar Anekdoten, die ich im Freundeskreis aufgeschnappt hatte. Aber auch das half nichts. 🥺😟

Es dauerte nicht lange, bis ihr sexuelles Desinteresse Ausmaße erreicht hatte, die mich befürchten ließen, ich könne sie verlieren. Das galt es um jeden Preis zu verhindern. Nur wie? Obwohl ich mir das Hirn 🧠 beinahe stündlich zermarterte, kam ich stets auf dieselbe Lösung: Ich musste neue Erlebnisse kreieren. Koste es, was es wolle. Zwar hatten Lana und ich uns für die monogame Variante 😇 entschieden (wenn auch unausgesprochen). 🙏 Aber angesichts der bedrohlichen Umstände schien mir ein Bruch dieser Vereinbarung gerechtfertigt. Es wäre kein Trost gewesen, ihr, so sie erst Schluss gemacht hatte, zurufen zu können: »Aber ich bin dir stets treu gewesen.«

Also begann ich damit, mich wieder auf Dating-Seiten herumzudrücken.

Devot und gelangweilt.

Das klang spannend.

IV

Wir trafen uns in einem Hotelzimmer 🛎🔑

Ihr Äußeres passte ins Bild. Viel Metall in, viel Farbe unter der Haut; raspelkurze, blondgefärbte Haare. Sie hieß Kirstin, war etwa 1,80 groß und besaß eine schlanke, fast schon knabenhafte Figur.

»Ich müsste mal auf die Toilette«, sagte sie, nachdem ich die Minibar 🍬🥃🍾 ausgeräumt und mit den von mir besorgten Getränken (acht Flaschen Heineken, eine Flasche Whisky) wieder aufgefüllt hatte.

»Na klar«, entgegnete ich.

Zu meiner Überraschung machte sie keinerlei Anstalten, sich in Bewegung zu setzen. 🤔

Also fügte ich hinzu: »Die Tür dahinten, im Flur.« Was reichlich albern war, da die Räumlichkeit einzig aus Schlaf- und Badezimmer bestand.

Dass Kirstin mich auch nach dieser Erklärung weiterhin fragend anschaute, ließ nur einen Schluss zu: Sie wollte offenbar auf etwas anderes hinaus. Nur auf was? 🧐

»Ja?«, entfuhr es mir also, bereits reichlich verwirrt.

»Du bist dir sicher, dass ich darf?«

»Aber ja doch. Natürlich.« Bei der Heiligen Gottesmutter, was war los mit dieser Frau?! Sich zu erleichtern war doch ein Menschenrecht 📖.

Kirstins Antwort traf mich ebenso prompt wie heftig:

»Ich hatte gehofft, dass du es mir verbieten würdest.«

Nun endlich verstand ich. Na, das ging ja gut los. Ich war kurz davor, ihre Idee aufzugreifen, das Verbot also mit Verzögerung auszusprechen, aber da hatte sie schon auf dem Absatz kehrtgemacht. ⛔

Als sie aus dem Bad 🛁 zurückkehrte, saß ich auf der Couch 🛋. In mir das Gefühl, mich wie ein Anfänger benommen zu haben; vor mir auf dem Tisch ein geöffnetes Heineken.

»Auch eins?«, fragte ich.

»Danke nein. Für mich bitte Whisky.«

Während ich ihr das Gewünschte besorgte, nahm sie im Sessel 💺 der Couch gegenüber Platz.

Ich war auf Smalltalk eingestellt, fragte die üblichen Belanglosigkeiten ab. Kirstin hatte eindeutig anderes im Sinn. Nachdem sie vergleichsweise lahm Auskunft gegeben hatte (Beruf: Intensivschwester 💉, bevorzugter Musikstil: Techno, aktuell in einer WG zu Hause), sagte sie unvermittelt: »Was möchtest du?«

Unter anderen Umständen hätte mich die Frage vielleicht irritiert. In dem Setting, in dem wir uns bewegten, war aber natürlich nur allzu klar, worauf sie hinauswollte. Ich hätte jetzt einen Plan 🗺 gebraucht. Einen Plan mit mindestens zwei Tagen Vorlauf zur Ausarbeitung. Aber ich hatte keinen. Ich hatte noch nicht mal den Ansatz einer Idee. Und weil dem so war, hörte ich mich gleich darauf diese komplett entblödete Gegenfrage stellen: »Was meinst du damit?« 🤓🤡

Für einen gerade noch wahrnehmbaren Moment zog sie entnervt die Augenbrauen 🙄 hoch, und es hätte mich nicht überrascht, wenn sie aufgestanden und wortlos das Zimmer verlassen hätte. Aber sie riss sich noch einmal zusammen (vielleicht aus Höflichkeit; vielleicht, weil sie schon zu viel Energie in dieses Zusammentreffen investiert hatte) und entgegnete – so bedächtig, als würde sie einem Schulanfänger 🤓 📝 den Weg zur Turnhalle 🚌 🏫 erklären: »Was möchtest du, das ich jetzt für dich tue?« Und dann im Nachsatz (weil ich immer noch zögerte): »Soll ich mich ausziehen?«

Ich überlegte fieberhaft. 🤒 *Ausziehen* war ein gutes Stichwort. Aber dieses Mal durfte ich nicht vergessen, dass hier vor allem Ansagen meinerseits gefragt waren. Also sagte ich: »Ja, zieh dich aus. Aber nur Jeans und Höschen. Dein Oberteil behältst du an.«

Sie leistete der Anweisung Folge und saß mir gleich darauf mit bloßen Schenkeln gegenüber. Und damit taten sich gleich zwei Probleme auf. Problem Nr. 1: Wir konnten so nun natürlich nicht mehr raus auf den Balkon, um zu rauchen 🚬. Und rauchen wollte ich in diesem Moment mehr als alles andere. ⚓ Problem Nr. 2: Sie gefiel mir nicht. Eigentlich hatte sie mir, wie ich erst jetzt bemerkte, von Anfang an nicht gefallen, wobei ich gar nicht genau hätte sagen können, weshalb. Sie war zweifellos ansehnlich. Auch ihre Stimme war alles andere als unangenehm. Aber sie berührte mich nicht, weder menschlich noch sexuell. Und das war eine Katastrophe 🌪. Denn spätestens mit dem eben geäußerten Wunsch hatte ich mich endgültig kompromittiert.

Es gab kein Zurück mehr, also sagte ich: »Spreiz deine Beine.«

Kirstin folgte auch diesem Befehl ohne zu zögern, genauso den gleich darauf geäußerten Worten *fass deine Fotze an.*

Ich sah ihr eine Weile zu, und als sich mein Schwanz ausreichend mit Blut gefüllt hatte, stand ich auf, trat zwei Schritte an sie heran und schob ihr meinen Steifen in den bereits geöffneten Mund. Nachdem sie ein oder zwei Minuten lang die notwendigen Bewegungen mit dem Kopf vollführt hatte, überkam mich das Gefühl, mein Plansoll fürs Erste erfüllt zu haben. Also packte ich meinen Schwanz wieder ein und sagte: »Komm, lass uns eine rauchen gehen.«

Kirstins Blick verriet Widerwillen. Dennoch kleidete sie sich wortlos an und folgte mir.

Der ersehnte Moment der Pause war jedoch nur von kurzer Dauer. Nachdem wir ein paarmal an unseren Sargnägeln gezogen hatten, kehrten die Stressgefühle umso vermehrt zurück. Denn dies war klar: Wir würden nicht ewig auf dem Balkon verweilen können. Es musste weitergehen. Wir waren nicht zum Spaß hier.

Um so viel Zeit wie möglich zu schinden, steckte ich mir direkt nach der ersten eine zweite Kippe an, leerte, während ich rauchte, mein drittes Bier und versuchte mich noch einmal an einem Gesprächsbeginn. Am Ende half aber natürlich auch das nichts. Am Ende befanden wir uns wieder in diesem verfluchten Hotelzimmer, genauer: auf dem Bett.

Im Nachhinein verwundert es nicht, dass Kirstin es war, die dort endgültig die Regie übernahm. Sie hatte einfach längst erkannt, dass es mit mir kein Vorankommen geben würde, jedenfalls keins, das auch nur ansatzweise Befriedigung versprach. Tu dies, sag das. Sie gab die Anweisungen. Ich versuchte, dieselben, so gut es ging, zu befolgen. Es fühlte sich an wie ein schlechter Witz. Was hatte sie geschrieben: *devot und gelangweilt*. Gelangweilt war sie sicher. Zumindest während unseres so unendlich quälenden Beisammenseins. Auch devot war sie gewiss immer noch, tief in sich drin. Umso absurder, dass *sie* sich genötigt fühlte, die Vorgaben zu machen.

Während unserer Spiele 🎲, die so gar nichts Spielerisches an sich hatten, gelang es mir, zwei weitere Raucherpausen herauszuholen. Beide zu meinem Leidwesen auf das Nötigste beschränkt. Worte wurden kaum noch gewechselt. Die Kippen verglühten wie die Träume der 68er-Bewegung im *Deutschen Herbst*. Unser Stelldichein war längst zu einem aggressiven Belauern, zu einem Kräftemessen verkommen. Wobei ich gar nicht hätte sagen können, worum genau wir kämpften 🥊.

Nach dem dritten und letzten Boxenstopp auf dem Balkon hatte Kirstin, als wir wieder im Bett lagen, plötzlich eine schwarze Stoffbinde vor den Augen . Keine Ahnung, wie sie das derart schnell und unbemerkt bewerkstelligt hatte. Besser wurde dadurch nichts. Im Gegenteil. Es hätte nur noch gefehlt, dass sie sich Handschellen ⛓ angelegt oder sich selbst gefesselt hätte. Aber natürlich mussten wir auch durch dieses Tor. 🙄😬

Während wir weiterfickten, flüsterte ich ihr hastig zusammengeschusterte Phantasien ins Ohr. Was mich kurz an Lana denken ließ. Hier ging es aber natürlich nicht um Begebenheiten aus meiner Vergangenheit, sondern um Dinge, von denen ich dachte, dass sie Kirstin gefallen könnten. Selbstredend allesamt mit der Aufschrift *kinky* versehen. Aber auch das half nichts mehr. Die Stimmung war längst unrettbar verloren. ⚰️

Wir fickten ein weiteres Mal. Aber selbst das, also dieses vergleichsweise Mechanische erwies sich jetzt als Hindernis. Sie war schon den ganzen Abend über (oh Wunder, oh Wunder) nie wirklich feucht geworden. Nun aber hatte ihre Erregung dermaßen nachgelassen, dass jeder Stoß mit einer schmerzhaften Reibung verbunden war. 😖 Sie ließ sich das, obwohl sie den Schmerz nicht weniger gespürt haben musste, mit keiner Regung anmerken. Warum auch immer. Ich aber konnte schon bald nicht mehr.

Ein wundgescheuerter Schwanz ist normalerweise eine Auszeichnung, der Beweis einer langen, ausschweifenden Liebesnacht ❤. In diesem Fall war er einzig und allein der Beweis eines absurden Nichtverstehens, einer kommunikativen Einbahnstraße ⛔ in beide Richtungen.

Nach nur wenigen Minuten gab ich endlich auf, zog mich aus Kirstin zurück und ließ mich neben sie auf den Rücken fallen. Sie wartete noch eine unendliche Weile von zehn oder zwanzig Sekunden, bevor sie sich die Binde abstreifte. Dann sagte sie mit Augen so kalt wie ein Stellungsbefehl: »Das war mit Abstand der schlechteste Fick meines Lebens.« 😑😒

Ich sagte nichts und fischte stattdessen, das Rauchverbot gepflegt ignorierend, eine Zigarette aus meiner Hosentasche. Griffbereite Aschenbecher, sprich: geleerte Flaschen 🍾 waren ja in ausreichender Zahl vorhanden.

Das alles war derart grauenvoll, in einem so hohen Maße erniedrigend, dass ich mich heute noch frage, warum wir es überhaupt so weit hatten kommen lassen.

Damals dachte ich, nachdem Kirstin das Licht 💡 gelöscht hatte, nur an eins: mein nächstes Treffen mit Lana. 🐍 Endlich hatte ich wieder etwas, das ich ihr ins Ohr flüstern konnte.

Dem Verhängnis entkommen konnte ich dadurch allerdings nicht. Keine sechs Wochen später hatte sie mich verlassen.

DER PREIS DES ERFOLGS

Wieder und wieder hatte sich Herr P. das Rauchen abzugewöhnen versucht. Nachdem es ihm zum ersten Mal gelungen war, eine ganze Woche ohne Zigarette auszukommen, verstarb er unversehens an den Folgen eines Herzinfarkts. Da dies just einen Tag vor seinem sechzigsten Geburtstag geschah, musste die Feier ohne ihn stattfinden. Von seinem Sechser im Lotto erfuhr P. zwar noch auf dem Sterbebett. Aber was nützt der schönste Gewinn, wenn du ihn nicht ausgeben darfst?

Die langersehnte Auszeichnung zum Kürbiszüchter des Jahres erreichte P. dagegen erst einen Tag nach seinem Ableben. Genau wie die Information, dass die Geschwulst, die man ihm vor kurzem aus dem Rücken geschnitten hatte, gutartig war.

»Er hatte zeit seines Lebens ein beschissenes Timing«, erklärte P.s Witwe gegenüber der örtlichen Zeitung. »Das kann jeder bezeugen, der schon mal Sex mit ihm hatte.«

LOB DER INKONSEQUENZ

Aufgehört zu rauchen
Darüber nervös und übellaunig geworden
Verstärkt Zucker zu mir genommen
Zusätzlich wieder angefangen, Fleisch zu essen
Fettleibig geworden
Gürtelrose bekommen
Neurodermitis-Schub bekommen
Daraufhin wieder zu rauchen begonnen
Ob dieser Willensschwäche massiv Frust geschoben
Verstärkt zur Flasche gegriffen
Zu Speed und Crystal gegriffen
In finanzielle Schieflage geraten
Zu spielen angefangen
Frau und Wohnung verloren
Auf Heroin umgestiegen
Den Lappen verloren
Auf öffentliche Verkehrsmittel umgestiegen
Im Rausch vor die einfahrende U-Bahn gefallen
Danach zu tot gewesen, um mir noch eine anzustecken

STADT, LAND, AUSFLUSS

(für Torsun B.)

»Ich lasse Sie nun erst mal allein«, sagte Frau Güldenpfennig. »Um fünfzehn Uhr findet unser Brettspielnachmittag statt. Da stellen wir Sie dann offiziell vor.«

Brettspiele? Eine Partie Poker wäre mir lieber gewesen. Aber gut, die ließ sich vielleicht unabhängig vom *offiziellen* Programm organisieren.

Ich sank auf die Couch und sah mich um. Das Appartement war so schlecht nicht. Es hatte einen kleinen Balkon und sogar eine Küche. Dieser Luxus stand mir allerdings nur solange zur Verfügung, wie ich noch nicht pflegebedürftig war. In einem solchen Fall nämlich hatte ich in eine deutlich kleinere Wohneinheit umzuziehen, womit ich auch einen Großteil meiner Habe verlieren würde. Viel war mir ohnehin nicht geblieben.

Von den etwa zwölftausend Büchern besaß ich gerade noch zweihundert. Der Rest war ins Altpapier gewandert. Platten, CDs und Kassetten hatte ich komplett entsorgt. Spotify und Co. waren nicht zuletzt für Altenheiminsassen wie mich erfunden worden.

Ich sah auf die Uhr: kurz vor zwei. Also noch mehr als eine Stunde bis zum »Highlight des Tages«. Da mir partout nichts einfallen wollte, mit dem ich diesen Zeitraum hätte füllen können, beschloss ich, mich schon mal auf eigene Faust umzusehen. In Einrichtungen wie dieser herrschte angeblich massiver Frauenüberschuss. Das verlangte nach einer Überprüfung.

Ich griff mir den Stock und verließ mein neues Heim.

Die ersten Menschen, denen ich begegnete, waren dann auch tatsächlich drei ältere Damen. Quod erat demonstrandum. Sie hatten in der Eingangshalle Position bezogen; sicher mit dem Zweck, Besucher und andere Ankömmlinge in Augenschein zu nehmen.

Ich nickte freundlich, als ich auf ihrer Höhe war. Sie nickten zurück. Eine hob gar kurz die Hand.

Keine fünf Sekunden später, gerade als ich in den Gang zum Speisesaal eingebogen war, vernahm ich Geschrei. Zwei männliche Stimmen, die es nicht allzu gut miteinander meinten.

»No pasarán!«, erscholl es aus der einen Kehle.

»Du rote Sau!«, aus der anderen.

Gleich darauf hatte ich die beiden Widersacher auch schon im Blick. Zwei Greise, die sich inmitten des Speisesaals gegenüberstanden. Der eine mit einem sogenannten Gehbock, der andere ohne entsprechende Hilfsmittel. Und das war zweifellos sein Vorteil. Da er die Hände frei hatte, war es ihm ein Leichtes, die vorderen Beine des metallenen Gestells anzuheben, wodurch seinem Gegner ein Weiterkommen verunmöglicht wurde.

»Wenn ich so könnte, wie ich wollte, würde ich dir die Fresse polieren«, schrie der Wehr- und Bewegungslose außer sich vor Wut.

»Wenn du so könntest, wie *ich* wollte, würdest du endlich die aktive Sterbehilfe in Anspruch nehmen«, erwiderte sein Peiniger, ließ von der Gehhilfe ab und drehte sich lachend zur mir um.

Schlohweißes, reichlich wirres, aber vor allem beeindruckend volles Haar; wacher Blick; große Nase. War das nicht …? Aber klar, Bratan! Bis vor etwa fünfzehn Jahren Sänger einer extrem erfolgreichen Electropunkband. Wir waren uns nur zwei- oder dreimal begegnet, aber dieses Gesicht war zu einzigartig, um es zu vergessen.

»Bratan, alter Wemser, du auch hier?!«, entfuhr es mir voller Begeisterung.

Bratan schien mich nicht gleich zu erkennen. Aber nur zwei Wimpernschläge später dämmerte auch bei ihm etwas.

»Oblo… Oblomov, richtig? Der Schriftsteller, verdammt. Das gibt's doch nicht.«

Wir umarmten uns, was der Geselle mit dem Gehbock zum Anlass für eine letzte giftige Bemerkung nahm: »Igitt, Schwuletten.«

Während der Schwulenhasser so schnell, wie es ihm sein Gebrechen ermöglichte, davondackelte, tauschten Bratan und ich die Basics aus: Er war schon drei Jahre hier, ich erst seit heute, womit ihm naturgemäß die Rolle des Paten oder Lotsen zustand.

»Komm, wir gehen in mein Appartement. Das müssen wir feiern«, sagte er.

Während wir den Flur entlangliefen, entwich meinem Sprachbullauge eine naheliegende Frage: »Sag mal, dieser Typ eben, wer war das?«

»Der Spinner? Das ist Karsten Meise, dieser Alt-Nazi aus Göppingen. Ich nenne ihn Konzentrationslager-Karsten.«

»Tatsächlich? Der hat aber ganz schön abgebaut.«

»Nun, nichts lässt den Körper bekanntlich schneller verfaulen als die immergleiche braune Gedankensuppe. In Meises Fall war aber wohl noch reichlich Crystal dabei.«

Bratans Behausung glich der meinen aufs Haar. Abgesehen von den persönlichen Gegenständen natürlich. Auffallend war in dieser Hinsicht vor allem der Wandschmuck. Jedes erdenkliche Fleckchen war mit Tourplakaten von *Megatranig* dekoriert, Bratans ehemaliger Band. Mich hatte der Name stets entzückt, denn tranig war nun wahrlich kein Attribut, das der Kapelle anzuheften gewesen wäre. Vielmehr hatten die fünf Buben sowohl inhaltlich als auch musikalisch das Gaspedal stets voll durchgetreten.

Bratan bat mich, auf dem Sofa Platz zu nehmen. Dann stieg er auf einen Hocker, machte sich an der Unterseite des Jalousiekastens zu schaffen und brachte schließlich eine durchsichtige Flasche zum Vorschein.

»Gin«, sagte er lachend, als er wieder auf dem Fußboden stand. »Eine Fahne ist hier gar nicht gern gesehen. Aber das weißt du ja sicher schon.« Eine Anspielung auf das Alkoholverbot, das in der Einrichtung herrschte. Erlaubt war einzig der »*genussvolle* Konsum von Bier oder Wein während oder kurz nach den Mahlzeiten«. Ein Punkt, den ich nur schweren Herzens mit meiner Unterschrift quittiert hatte.

Bratan holte zwei Gläser aus der Küche und schenkte uns ein.

»Na, dann erzähl mal. Wie bist du hierher geraten?«

Ich gab ihm einen kurzen Bericht. Danach war er an der Reihe. Die Geschichten ähnelten sich (wie unsere Appartements). Wir hatten beide in der Hochphase unserer Karriere einfach zu selten an den Lebensabend, genauer: an die Rente gedacht.

»Ich habe mir schlicht nicht vorstellen können, dass ich mal so alt werden würde«, sagte Bratan und wies mit einer ausholenden Geste auf die Plakate.

»Apropos, ganz schön egotro..., äh, egozentrisch diese Sammlung«, erwiderte ich.

»Da magst du recht haben«, sagte er, und ich meinte, in seinem ansonsten so unbekümmerten Blick einen Moment der Traurigkeit wahrzunehmen. »Aber was bleibt uns noch außer der Erinnerung? Hast du gewusst, dass Marlene Dietrich am Ende ihres Lebens immer wieder dieselbe Platte gehört hat? Gewissermaßen in Endlosschleife. Rate, was drauf war.«

»Kein Ahnung. Walgesänge?«, antwortete ich im – zugegebenermaßen schwachen – Versuch, witzig zu sein.

»Der Applaus ihrer letzten Konzerte. Auf der A- wie auf der B-Seite.«

»Shit, das ist heftig«, entgegnete ich, während mich zeitgleich die niederschmetternde Vorstellung überfiel, ich würde eine ähnliche LP besitzen. Auf der A- wie auf der B-Seite der Applaus von Lesungen mit Besucherzahlen zwischen fünf und fünfundzwanzig.

»Na, scheiß drauf. Für Melancholie ist später noch Zeit.« Bratan schenkte uns nach, dann warf er einen Blick auf sein Handy: »Zehn vor drei. Wir sollten langsam los.«

»Du willst doch nicht ernsthaft zu diesem Spielenachmittag«, insistierte ich.

»Aber klar. Wir wollen schließlich nicht wie Marlene enden. Noch haben wir eine Bühne.«

Er exte seinen Gin, brachte sich vergleichsweise agil in die Senkrechte und trat an einen der Küchenschränke. Was er demselben entnahm, entzog sich meiner Wahrnehmung; es war allerdings klein genug, um in der Innentasche seines Jacketts zu verschwinden.

Ich konnte meine Neugier gerade so lange zurückhalten, bis wir auf dem Flur waren.

»Sag mal, was du da gerade eingesteckt hast, ist das so eine Art Zaubertrank?«

»Korrekt, mein Freund. Korrekt. Peyotl-Extrakt. Konzentriert genug, um ein ganzes Bataillon abheben zu lassen. Ich wusste immer, dass mal der Moment kommen würde, den guten Stoff mit meinen Nächsten zu teilen.«

Für die Hälfte eines Wimpernschlags kamen mir Bedenken. Wir hatten es hier immerhin mit alten bis uralten Menschen zu tun. Existenzen, die zu achtzig bis neunzig Prozent auf starke Medikamente angewiesen waren. Genau das aber war dann auch die Information, die mich wieder entspannte. Was hatten wir, die wir uns bei Halma und passierter Kost dem Tod entgegensehnten, schon zu verlieren? Nichts natürlich.

Als Bratan und ich im Aufenthaltsraum eintrafen, hatten sich dort bereits an die zwei Dutzend Menschen versammelt. Ich steuerte einen freien Tisch an, während mein Gefährte einen Umweg Richtung Servierwagen einschlug.

»Je nachdem, was du heute noch vorhast, würde ich entweder die Finger vom Früchtetee lassen oder ein Tässchen mehr trinken«, raunte er mir zu, nachdem er wenig später neben mir Platz genommen hatte.

Als gleich darauf eine Mitarbeiterin mit der Frage nach Getränkewünschen an uns herantrat, entschieden wir uns beide für Kaffee. Entkoffeiniert, versteht sich.

Und dann begann auch schon die Show.

Frau Güldenpfennig erhob sich, um uns mit einer kurzen Ansprache zu motivieren.

»Liebe Bewohnerinnen, liebe Bewohner, bevor wir unseren allseits geschätzten Brettspielnachmittag beginnen, eine kleine Überraschung. Wir werden dem gewohnten Programm heute eine Partie Bingo voranstellen. Dem Gewinner winkt ein Exemplar von Heinz Strunks *Knigge für Fortgeschrittene – guter Benimm wächst mit dem Alter.*«

Lautes Gemurmel durchmischt mit röchelnden Hustenlauten ließ auf allseitige Begeisterung schließen.

Die Bingo-Karten wurden ausgeteilt. Dann geschah das, was der Spielverlauf für gewöhnlich vorsieht. Frau Güldenpfennig zog eine Zahl und rief dieselbe aus, woraufhin zumeist piepsige Stimmen mit einem *hier, habe ich* oder *ach nö* antworteten.

Langeweile pur, wäre da nicht die Hoffnung auf den großen Moment gewesen. Aber der ließ auf sich warten. Ich fühlte mich an eigene Drogenerfahrungen erinnert. Du wirfst dir was ein und lauerst und lauerst, fängst schon an, deinen Dealer zu verfluchen. Bis plötzlich …

Und genauso war es hier auch. Eben noch war die 16 nach allen Regeln der Knigge-Kunst zur Kenntnis genommen worden, als Konzentrationslager-Karsten unvermittelt, die Zahl 1933 vernommen zu haben meinte.

»Neunzehndreiunddreißig? Habe ich!«, krakeelte er.

Frau Güldenpfennig blickte konsterniert auf, sah sich aber, noch bevor sie eine Rüge erteilen konnte, mit weiteren Störern konfrontiert.

»Die Sechshundertsechsundsechzig! Jawohl, die Sechs-Sechs-Sechs! Der Bocksbeinige hat's mir gerade ins Ohr geflüstert«, schrie eine alte Dame, die passenderweise ganz in Schwarz gekleidet war.

»Schaut her, ich kann schweben«, rief ihre Sitznachbarin und schickte sich an, auf den Tisch zu klettern.

Andere waren nach wie vor im Bingo-Modus unterwegs.

»Ich habe die Null!«, entfuhr es einer Greisin, die bereits derart geschrumpft war, dass sie unter der Decke, in die man sie gewickelt hatte, wie eine mumifizierte Puppe wirkte.

»Die Null gibt es gar nicht«, entgegnete ihr ein Mitspieler, der offenbar auf seinen Früchtetee verzichtet hatte.

»Dann eben die Null-Komma-Zwei«, erwiderte Mumien-Doll kampfeslustig.

»Endsieg!«, brüllte Konzentrationslager-Karsten.

»Die Heimleitung betrügt uns. Das ist kein Seniorenstift, das ist ein nordkoreanisches Foltergefängnis!«, schrie ein anderer und ich war kurz versucht, ihm Applaus zu spenden. Denn gänzlich im Unrecht war er natürlich nicht.

Die ersten hatten derweil längst damit begonnen, ihre Dispute körperlich auszutragen. Es wurde gespuckt, gekratzt und getreten wie früher auf dem Schulhof. Die Mumie robbte über den Teppich, offenkundig mit dem Ziel, ihre Dritten in die Wade ihres Widersachers zu schlagen. Der Verschwörungstheoretiker, also derjenige, der der Heimleitung Folter unterstellt hatte, war dabei, seine Bingo-Karte zu zerkauen, und spülte, um die Angelegenheit zu beschleunigen, mit reichlich Tee nach. Konzentrationslager-Karsten, den Bratan mit einem zwischenzeitlichen *Neunzehnhundertdreiundvierzig! Stalingrad!* angestachelt hatte, war mittlerweile derart in Rage, dass er ohne Gehhilfe auskam. Er stand breitbeinig im Raum und schwang das Gestell wie entfesselt mal nach links, mal nach rechts – sicher mit dem Ziel, unsichtbare Rotarmisten am Vormarsch nach Berlin zu hindern.

Aber längst nicht alle waren auf Krawall gebürstet. Viele waren schlicht auf dem Egotrip, führten Selbstgespräche oder ahmten Tierlaute nach. Das Scheppern, das durch den

Raum hallte, nachdem die »schwebende Dame« vom Tisch gekracht war, schien nur die Wenigsten zu interessieren.

»Bitte, Herrschaften! Bitte beruhigen Sie sich! Wir haben für jeden einen Preis«, flehte Frau Güldenpfennig bereits reichlich verzweifelt.

Gehör schenken wollte, besser: konnte ihr zu diesem Zeitpunkt niemand mehr.

Nachdem sie das Treiben weitere dreißig Sekunden mit offenem Mund verfolgt hatte, wandte sich die Heimleiterin ab und schenkte sich mit den Worten *ruhig bleiben, ruhig bleiben, Sophie* selbst einen Tee ein.

»Komm, lass eine rauchen geh'n«, schlug Bratan vor.

Ich hatte nichts dagegen.

»Ja, haut nur ab, ihr Defätisten!«, rief uns Konzentrationslager-Karsten hinterher, als wir den Raum verließen.

Wir hatten unsere Kippen noch nicht ausgetreten, als die ersten Blaulichter auftauchten.

BERUFSRISIKO

»Du kannst dir nicht vorstellen, wie das ist, wenn wir uns treffen. Wir betreten Welten, von denen ich bis vor kurzem gar nicht wusste, dass sie existieren. Wenn wir miteinander spielen, besitzt das etwas komplett Überirdisches, obwohl die Szenarien oft bis ins Kleinste ausgearbeitet sind.«

Lille lächelte und nahm einen Schluck Bier. In ihrem Blick lag etwas Verklärtes, um das sie jeder, der nicht gerade frisch verliebt war oder im Zustand sexueller Erfüllung lebte, aufrichtig beneidet hätte. Mir jedenfalls ging es so.

Tröstlich war allein der Umstand, dass ich die Schöne, die mich da so unverblümt an ihrem Liebesleben teilhaben ließ, in diesem Moment ganz für mich allein hatte. Wir hatten uns, wie wir das seit zwei Jahren ein- oder zweimal im Monat taten, in einer Kneipe getroffen. Lilles neuer Freund aka Spielgefährte war dankenswerterweise zu Hause geblieben.

»Das Verrückte ist, dass ich am nächsten Morgen zwar sämtliche Details glasklar vor mir sehe«, fuhr sie fort, »sie aber nicht in eine zeitliche Reihenfolge bringen kann. Wenn ich mich an diese Nächte zu erinnern versuche, verschwimmt alles zu einem süßen Brei aus Hingabe und Verlangen.«

Ich nickte stumm.

»Und wenn wir uns mal zwei oder drei Tage nicht sehen und er mich dann mit diesem so unglaublich arroganten

Blick empfängt, dann löse ich mich auf, dann vergesse ich alles, was mich vorher ausgemacht hat. Verstehst du das?«

Ich verstand.

Nur zu gern hätte ich jetzt mit etwas vergleichbar Aufregendem aufgewartet. Aber mein Sexlife glich aktuell einem Swimmingpool, aus dem man das Wasser abgelassen hatte und dessen Boden von Laub und Rattenkadavern bedeckt war. Ich hatte eine aufreibende Beziehung hinter mir und seitdem nichts mehr erlebt, das auch nur ansatzweise die Bezeichnung *körperliche Nähe* verdient gehabt hätte.

Noch bevor ich eine entsprechende Bemerkung machen konnte, sah Lille auf ihr Handy und sagte: »Shit, ich muss los. Sven und ich sind gleich verabredet.«

Ich wünschte ihr viel Spaß, trank aus und zahlte.

Zu Hause angekommen, öffnete ich ein weiteres Bier, fuhr den Computer hoch und loggte mich auf einer Casino-Seite ein. Onlinepoker – der virtuelle Ball der einsamen Herzen.

Ich hatte noch keine halbe Stunde gespielt, als mein Mobiltelefon den Eingang einer Kurznachricht anzeigte. Lille. Das war merkwürdig, schließlich war sie bei ihrem Date. Hoffentlich war nichts passiert.

Entsprechend in Sorge öffnete ich die Meldung und sah mich sogleich in meiner dunklen Ahnung bestätigt, wenn auch ganz anders als erwartet. Denn ich las das hier: »Sven sagt, dass es nicht in Ordnung geht, wenn du mich nach unseren sexuellen Vorlieben ausfragst, nur um dann später deine Bücher damit zu füllen. Und ich finde, er hat recht.«

Ich war völlig perplex. Und das aus gleich zwei Gründen. Zum einen war ich stets davon ausgegangen, dass die

Gespräche, die ich mit Lille führte, unter uns blieben. Zum anderen war es doch sie gewesen, die das Thema Sex auf den Tisch gebracht hatte.

Auf dem Bildschirm sah ich meine neue Hand aufploppen: König und Bube in Karo. Normalerweise wäre ich jetzt mit einem ansehnlichen Gebot eingestiegen. So hatte ich gerade noch den Nerv, auf *passen* zu drücken, bevor ich, reichlich aufgebracht, diese Worte in die Tastatur tippte: »Aber du warst es doch, die damit angefangen hat. Davon ab, wenn ich in dieser Hinsicht Recherchebedarf hätte, bräuchte ich doch nur das Internet zu bemühen.«

Lilles Antwort ließ nicht lange auf sich warten: »Lüg nicht. Du hast mich krass manipuliert.«

Auf dem Bildschirm wurde derweil der Flop aufgedeckt: Pik-König, Karo-9, Karo-10.

Mich überkam ein Gefühl der Hilflosigkeit. Als wäre ich ein Pilot, den in 10.000 Metern Höhe plötzlich Flugangst befällt, oder ein Zahnarzt, der zwei Sekunden vor der Behandlung eines blutrünstigen Autokraten den eigenen Mundgeruch wahrnimmt. Wie wehrst du dich gegen etwas, das du selbst als vollkommen surreal wahrnimmst? Der ganze Irrsinn konnte doch nur mit diesem Sven zu tun haben. Der war sicher eifersüchtig. Oder ein Kontrollfreak. Oder beides.

Das dachte ich. Und das schrieb ich dann auch, während der Turn umgedreht wurde (Herz-König): »Lille, komm bitte klar. Diesen Blödsinn hat Dir doch Dein Lover ins Gehirn gepflanzt.«

Wieder musste ich auf die Erwiderung nicht lange warten.

»Sag mal, spinnst du jetzt völlig? Glaubst du, ich kann nicht für mich selber denken?«

Ich hatte schon eine entsprechend scharfe Antwort im Kopf, aber noch bevor ich dieselbe formulieren konnte, wurde mir auf dem Bildschirm der River präsentiert: die Karo-Dame!

Und weil die damit vergebene Chance mich dann doch eine Sekunde beschäftigte, kam mir Lille zuvor: »Mein ›Lover‹ kommt übrigens gleich bei dir vorbei. Dann könnt ihr das persönlich klären.«

Na wunderbar.

Ich stand auf, um nach dem Baseballschläger zu suchen. Früher hatte der stets neben der Wohnungstür gestanden. Wegen der Nazis natürlich. Aber die waren nie aufgetaucht. Also war er irgendwann in irgendeinen Stauraum gewandert. Jetzt hatte ich den Salat.

Die Gefahr kommt eben meist aus einer Richtung, in der du sie nicht vermutest. Und das gern zu einem Zeitpunkt, in dem du dich vollkommen sicher fühlst.

AFFEKT-INKONTINENZ

(nach einer Illustration von Max Roßner)

Alles begann damit, dass der Baron seinen Pulsmesser vergessen hatte.

»Ich bitte höflichst um Vergebung, bin gleich wieder da«, sagte er und machte sich an den vier Stockwerke langen Anstieg zurück in seine Wohnung.

Wanda und ich sahen uns an und verdrehten im Gleichtakt die Augen. Wir kannten das schon. Der Baron vergaß jedes Mal etwas. Und immer war der entsprechende Gegenstand von äußerster Wichtigkeit, egal ob es sich dabei um ein Insektenspray (»gegen Mücken, Stechfliegen und Zecken«), um eine Packung Traubenzucker (»gegen den kurzfristigen Energieverlust«) oder ein Taschenmikroskop (»zur Untersuchung von Textilstrukturen und Pflanzenteilen«) handelte. Dankenswerterweise brauchte unser Freund im Normalfall nicht allzu lange, um das begehrte Stück herbeizuschaffen. Diesmal allerdings vergingen gleich zwei Zigarettenlängen samt dazwischenliegender Pause, ohne dass er sich wieder blicken ließ.

»So langsam mache ich mir Sorgen«, sagte Wanda, während sie bereits den nächsten Glimmstengel aus der Packung fingerte. »Vielleicht sollten wir klingeln.«

»Gute Idee«, entgegnete ich und drehte mich zu den Namensschildern, die sich links neben dem Eingang befanden. In diesem Moment schlug mein Handy an. Der Baron.

»Ich bin im Treppenhaus«, stöhnte er, als hinge er am Kreuz oder am Marterpfahl.

»Kannst du nicht runterkommen?«, fragte ich überflüssigerweise.

»Nein, geht nicht.« Er stöhnte erneut. Noch jämmerlicher diesmal.

Ich drückte sämtliche Klingeln auf einmal und wurde mit dem Summen des Türöffners belohnt. Wanda und ich hasteten nach oben.

Der Baron saß auf dem Absatz zwischen zweitem und drittem Stock und präsentierte eine klaffende, etwa acht Zentimeter lange Wunde auf der linken Wange.

»Wischnewski hat mich angegriffen« informierte er uns, noch bevor wir ihn erreicht hatten.

»Um Gottes willen!«, entfuhr es Wanda.

»Wer ist Wischnewski?«, wollte ich wissen.

»Ja, wer ist Wischnewski?«, schloss sich Wanda an.

»Na, der fette Kater von Frau Rohloff«, dozierte der Baron, ganz so als würde es sich bei der erwähnten Dame oder ihrem adipösen Hausgenossen um YouTuber oder Fernsehstars handeln.

Ich ging nicht weiter darauf ein.

»Und *weshalb* hat dich der rohloffsche Kater attackiert?«, forschte ich stattdessen nach.

Der Baron zeigte wortlos auf einen rotbraunen Klumpen zu seinen Füßen.

Ich beugte mich vor und identifizierte das Objekt als ausnehmend große, in der Körpermitte zweifelsfrei zermatschte Kakerlake. Möglicherweise eine Periplaneta americana, also eine amerikanische Großschabe. Ungewöhnlich für diese Breiten.

»Igitt, die ist ja riesig!«, schrie Wanda.

»Und tot«, ergänzte ich überflüssigerweise. »Und jetzt bitte der Reihe nach.«

»Ist gut ...« Der Baron sammelte sich einen Moment, dann begann er zu erzählen: »Also, ich steige die Treppe hinab, entdecke dieses wunderbare Tier, just hier an der Stelle seines späteren Ablebens, und halte inne, um es zu studieren. Da schießt plötzlich diese Ratte auf uns zu.«

»Du meinst Wischnewski?«

»Nein, nicht der, eine *echte* Ratte.«

»Moment«, hakte Wanda nach. »Wir haben es hier also mit einem Kater, einer Ratte und einer Kakerlake zu tun, verstehe ich das richtig? Dieses Treppenhaus ist ja der reinste Zoo.«

»Ja, leider«, antwortete der Baron. »Die Ratte schickt sich also an, ihre Zähne in dieses gebenedeite, so hochentwickelte Geschöpf zu schlagen.« Sein Blick wanderte kurz zum Schaben-Kadaver. »Und natürlich muss ich diese Bluttat unbedingt verhindern. Aber noch bevor ich ausgeholt habe, um dem Aggressor mit einem gezielten Axe-Kick (der Baron ist bekanntermaßen Dan-Träger diverser Kampfsporttechniken) das Lebenslicht auszublasen, vernehme ich über mir ein Fauchen. Ich drehe mich um und entdecke Wischnewski, das fette Vieh, seinerseits zum Sprung bereit.«

»Ja, und dann?«, insistierte Wanda, die die Spannung nicht mehr aushielt.

»Dann?« Der Baron sah uns mit müden Augen an. »Dann springt er natürlich. Von oben nach unten kann er das ja noch. Aber weil ich nicht zu erkennen vermag, ob der Bastard die Ratte, die Kakerlake oder gar mich selbst ins Visier genommen hat, verlässt mich im entscheidenden Moment die Konzentration. Ich rutsche ab, falle auf den Rücken und noch ehe ich mich versehe, landet Wischnewski mit ausgefahrenen Krallen in meinem Gesicht.«

»Oh je!«, entfuhr es Wanda, und auch ich selbst sah mich veranlasst, einen Laut des Bedauerns auszustoßen.

»Es gelingt mir, das Vieh abzuschütteln«, fuhr der Baron fort. »Und als ich mich schließlich aufrapple, sehe ich Kater und Ratte in wilder Hatz die Stufen hinabflitzen. Aber ich sehe auch das hier.« Wieder wanderte sein Blick Richtung Leichnam. »Und wir alle wissen, wem die Schuld am Tod dieser bedauernswerten Kreatur anzulasten ist. Ich muss wohl beim Sturz mit dem Absatz …«

Wanda und ich schwiegen gleichsam betreten, während der Baron seine Cowboystiefel aus Pythonleder musterte. »Mit Badelatschen wäre das nicht passiert.«

»Gut«, sagte er schließlich. »Jetzt gehen wir erst mal was trinken. Danach kümmern wir uns um das Begräbnis.« Er wickelte die Schabe in ein Seidentuch, das er in der Innentasche seines Sakkos verstaute, und machte Anstalten, sich zu erheben. »Wenn ihr mir kurz aufhelfen könntet. Ich fürchte, ich habe mir den Knöchel verstaucht.«

Wir griffen ihm unter die Arme und beförderten ihn in die Senkrechte, mussten aber auch danach weiter Hilfestellung leisten, da der Baron mit dem lädierten Fuß kaum auftreten konnte.

»So gehst du mir in keine Bar. Wir fahren in die Notaufnahme«, sagte Wanda und klang dabei derart resolut, dass der bedauernswerte Lazarus sich außerstande sah, Widerspruch zu äußern.

Nachdem wir den Bürgersteig erreicht hatten, wurde ein Taxi gerufen. Dann ging es mit einem Zwischenstopp an der Tanke, bei dem der Baron mich anwies, jeweils zwei Halbliterdosen Bier für Wanda, den Fahrer und mich, sowie eine Flasche Stroh-Rum für ihn selbst zu erwerben, in die Universitätsklinik.

»Ich bin gläubiger Muslim. Ich trinke nicht«, ließ sich der Fahrer vernehmen, als ich ihm die guten Gaben überantworten wollte.

»Das spielt keine Rolle«, erwiderte der Baron. »Kipp's an der nächsten roten Ampel einfach auf einen Giaur. Wir befinden uns mitten in einer Begräbniszeremonie. Da ist, Hamdulillah, ein bisschen Flexibilität gefragt.« Bei diesen Worten zog er das Seidentuch aus der Tasche, brachte sein Zippo zum Vorschein und übergab, nachdem er das Fenster geöffnet hatte, Leib und Seele der Kakerlake dem ewigen Feuer.

»Hey, keinen Ärger machen!«, rief der Fahrer.

»Keine Sorge, wir haben das unter Kontrolle«, sagte ich und wedelte schon mal mit dem Trinkgeld, während das lodernde Insekt seine letzte Ruhestätte auf dem Asphalt fand.

In der Notaufnahme war wie stets Langmut gefordert. Wir nippten verstohlen an unseren Getränken und vertrieben uns die Zeit mit Geplauder. Als Wanda irgendwann Richtung Toilette verschwand, vergingen geschlagene zwanzig Minuten, bevor sie zurückkehrte.

»Alles in Ordnung?«, erkundigte ich mich.

»Jaja. Ich habe mich nur ein wenig umgesehen«, erwiderte sie und zwinkerte mir vielsagend zu.

»Wartet bitte nicht auf mich, meine wackeren Kumpane«, sagte der Baron, als kurz darauf ein Weißkittel mit Rollstuhl auftauchte, um ihn in den Behandlungsraum zu befördern.

»Bist du sicher?«, fragte ich anstandshalber.

»Unbedingt. Ich werde mir für den Rückweg noch einmal eine Droschke nehmen«, entgegnete der unfreiwillige Kakerlaken-Killer und entließ uns mit einer angedeuteten Verbeugung, die noch würdevoller gewirkt hätte, wenn ihm dabei nicht der Stroh-Rum aus dem Jackett gefallen wäre.

Ich hob die Flasche auf, legte sie ihm in den Schoß und klopfte dem verdutzten Krankenhausbediensteten aufmunternd auf die Schulter: »Der Mann hier hat jahrelang für das monegassische Fürstenhaus gearbeitet. Da ist äußerste Diskretion gefragt. Wir zählen auf Sie.«

»Ich habe gleich ein Seminar. Wie sieht's aus: Lust, mich zu begleiten?«, wollte Wanda wissen, nachdem wir uns draußen die lang ersehnte Kippe angezündet hatten.

»Warum nicht?«, antwortete ich.

Wanda war Dozentin für Philosophie und Ethik und hatte mich schon ein paarmal daran teilhaben lassen, wie sie gelangweilten Studenten auf höchst geistreiche Art versuchte, die Gedankenwelt von Kierkegaard, Kant und Co. näherzubringen.

In der U-Bahn zog Wanda eine Tablettenpackung aus ihrer Handtasche, womit der Grund ihrer längeren Abwesenheit in der Klinik ohne weitere Worte erklärt war.

»Zolpidem, zehn Milligramm«, sagte sie und grinste dabei wie ein Flohmarktbesucher, der gerade eine mit einer seltenen Briefmarke versehene Vorkriegspostkarte für schlappe einsfuffzich erworben hat. »Das ist was ganz Feines. Erstaunlich, dass sie das Zeug dort unverschlossen lagern. Ich schlage vor, wir nehmen beide zwei.«

Wortlos öffnete ich den Mund. Wanda in diesen Fragen

zu widersprechen, war in etwa so, als würdest du die beim Abendmahl dargereichte Oblate vor dem Zerkauen erst noch in Aioli dippen. Sie hatte von Drogen mindestens so viel Ahnung wie die besten Verhörspezialisten der CIA.

Nachdem wir den Seminarraum etwa zwanzig Minuten später erreicht und unsere Plätze eingenommen hatten (ich, wie schon zu Schultagen, in der letzten Reihe), begann Wanda ihren Vortrag mit folgenden Worten: »Alles Fleisch ist Gras, sagt die Bibel.«

Fünfzehn unausgeschlafene Studenten schalteten innerlich ab.

»Damit ist nun aber nicht etwa Marihuana gemeint«, fuhr Wanda fort und legte eine Kunstpause ein. Fünfzehn unausgeschlafene Studenten vergaßen ihre innerliche Müdigkeit für einen Moment und begannen zu kichern. »Sondern *sämtliche* pflanzlichen Substanzen, die geeignet sind, diesen lustlosen Zellhaufen, den wir alle nun einmal darstellen, in einen Tempel der Ekstase zu verwandeln. Den Weg zu Gott, der hier ausdrücklich als Synonym für Befreiung verstanden werden möchte, ebnet uns allein der Rausch.«

Fünfzehn unausgeschlafene Studenten waren mit einem Mal hellwach. Und ich nicht minder.

Es folgte ein ausführlicher Diskurs über die Wirkkraft von Bilsenkraut, Tollkirsche, Peyote, Fliegenpilz und vielen anderen, mir teils unbekannten Substanzen, stets in Verbindung gesetzt zu den Heilsversprechen diverser religiöser Werke. Gänzlich ohne Notizen vorgetragen und deshalb besonders eindrucksvoll. Noch erstaunlicher jedoch war der Umstand, dass Wandas Frisur die Ausführungen durch ständige Veränderungen unterstrich. Mal dehnte sich ihre schwarze Mähne bis unter die Deckenleuchte, mal lösten sich einzelne Strähnen heraus, die tentakelartig durch den Raum wanderten und dabei nicht selten zu gestikulieren schienen; dann wieder begann das Haar zu fluoreszieren, wie etwas, das tief unten im Marianengraben zu Hause ist, wobei sich die Farben gleich mehrfach abwechselten. Keine Ahnung, wie Wanda das hinbekam.

»Ich danke Ihnen für Ihre Aufmerksamkeit«, sagte sie, nachdem alle eben beschriebenen Phänomene sich irgendwann zu einem letzten großen Bild vereinigt hatten, und erhob sich. Fünfzehn unausgeschlafene Studenten hatten da längst beschlossen, noch vor dem Zubettgehen unbedingt mal wieder einen durchzuziehen.

»Das war beeindruckend«, sagte ich, während wir nebeneinanderher zum Ausgang liefen. »Als hätte ich Timothy Leary zugehört oder so.«

»Mag sein. Aber die Pillen wirken nicht«, befand Wanda.

»Stimmt«, pflichtete ich ihr bei.

»Wir nehmen noch zwei«, entschied sie. »Und dann gehen wir ins Kit Kat. Vielleicht bekommen wir dort ein bisschen Speed.«

Danach verblasst die Erinnerung ein wenig. Ich sehe noch, wie Wanda weitere vier Tabletten aus der Packung drückt. Sehe uns irgendwann später in ihrer Wohnung dabei zu, wie wir die für den Klub zwingend vorgeschriebene Veränderung an unserer Garderobe vornehmen. Höre mich noch sagen: »Bist du sicher, dass dieser Schwimmring eine gute Idee ist?« Und höre auch, während mich die erotisierende Wirkung dieser karierten Pantoffeln, die ich mit einem Mal an meinen Füßen entdecke, beinahe ohnmächtig werden lässt, ihre Antwort; und zwar so glasklar wie das Kratzen von Kufen in einer menschenleeren Eishalle: »Sei nicht so spießig. Der Langweilerladen braucht dringend ein bisschen modischen Input.«

Das Nächste, was mein Gedächtnis preisgibt, ist eine Szene am Einlass des Clubs. Es scheint ein Problem mit unserem Äußeren zu geben. Von einem der Türsteher in folgendem denkwürdigen Satz: zusammengefasst: »Das Kinderplanschbecken ist da hinten.«

Danach bricht Chaos aus. Wanda, die sich von diesen Worten – sicher nicht ganz zu Unrecht – provoziert fühlt, stürzt sich auf den Zweimeterriesen und verbeißt sich wie ein tollwütiger Dachs in seinen Oberschenkel. Ich versuche, sie zurückzuhalten oder ihr beizuspringen – so ganz klar ist das im Nachhinein nicht mehr –, werde aber, noch bevor ich meine Gefährtin erreicht habe, von einem anderen Sicherheitsmann zu Boden gebracht. Gleich darauf sieht sich auch Wanda – von einem dritten Einlasser in den Schwitzkasten genommen – ihrer Kampffähigkeit beraubt, was sie nicht davon abhält, unsere Gegner mit wüsten Beleidigungen einzudecken. Als die Bullen eintreffen, ist sie gerade dabei, ausführlich zu erläutern, welche Geschlechts- und Geisteskrankheiten die Mutter ihres Peinigers bei dessen Zeugung zu erdulden hatte.

Später, in der Zelle, stellte sich naturgemäß Ernüchterung ein.

»Komisch, dass die Tabletten nicht angeschlagen haben«, sagte Wanda.

»Vielleicht Placebos«, erlaubte ich mir anzumerken.

»Na, scheiß drauf. Und scheiß verdammt noch mal aufs Kit Kat. Ist mittlerweile eh ein verkackter Touri-Laden.«

»Alles Fleisch ist Gras«, ergänzte ich.

DAS HOHELIED DER LARMOYANZ

Im Sommer der Hass auf Insekten
dazu der Brand auf der Haut
Im Winter die Angst vor Infekten
die Stimmung durch Christmas versaut
Im Herbst Depressionen in Mengen
allüberall nasses Laub
Im Frühling Hausputz mit Längen
Gewinner bleiben Pollen und Staub
In den Birnen der Matsch
In den Mäulern der Klatsch
An den Beulen der Frost
An den Lauben der Rost
Nichts auf dem Konto
Und niemand schickt Post

AUTOKRATEN BRATEN!

Lukaschenko, Erdoğan wollen bald zur Hölle fahr'n
Freudvoll folgen der Offerte Bolsonaro und Duterte
Derweil setzt an zum Hades-Jump Twitter-König
  Donald Trump
Nach des Beelzebubs Urin drängt es auch Monarch Putin
Chamenei und al-Assad hüpfen blindlings ins Schachmatt
Proaktiv über den Jordan steuert gleichfalls Victor Orbán
Auch Ägyptens Herr al-Sisi durchschwimmt Hades Fluten
  easy
Fehl'n Kaczyński und Jinping für den teuflischen Offspring
Und natürlich hat Gehenna Platz für weit're alte Männer
Prinz Salman und Mbasogo tanzen in den Flammen Pogo
Auch Kadyrow und Paul Biya buchen Satans Osteria
In des Fegefeuers Schein werden alle wieder rein
Zusätzlicher Hochgenuss: Kim Jong-uns Spezial-Aufguss

METT-EAGLE

(für Fred Udo F.)

»Bei der Fettleber meiner verstorbenen Pflegemutter, ihr seid die zuverlässigsten Verlierer seit den Tagen von Eddie the Eagle*«, rief uns Mettmann zu, als wir einmal mehr wie geprügelte Hunde von der Eisfläche schlichen. »Gäbe es die Möglichkeit, gegen euch zu wetten, ich wäre längst ein gemachter Mann.«

Zachowiak und ich sahen uns an. Die Kraft für eine Erwiderung besaßen wir beide nicht. Denn Mettmann hatte ja recht. Die *Razors* – so der Name, den wir uns in einem Anfall von Größenwahn und übertriebenem Trotz gegeben hatten – waren mit Abstand das erbärmlichste Team, das die Harz-und-Heide-Liga, ein Zusammenschluss verschiedener Hobbymannschaften, je gesehen hatte. Das Einzige, was wir in steter Regelmäßigkeit rasierten, war unser Ansehen.

Seitdem wir vor fünf oder sechs Jahren dazugestoßen waren, waren wir in jeder Spielzeit Letzter geworden. Auch in dieser Saison lag unsere Punkteausbeute pro Match konsequent bei null. Und das obwohl bereits sieben von achtzehn Partien absolviert waren. Das Torverhältnis gestaltete sich entsprechend.

---

* Eddie the Eagle (mit richtigem Namen: Michael Edwards): Britischer Skispringer, der bei den Olympischen Winterspielen 1988 in Calgary sowohl auf der Groß- als auch auf der Normalschanze den letzten Platz belegte.

Ein Versagen, das umso drastischer war, als wir über zwei strategische Vorteile verfügten, die uns von den anderen Teams abhoben. Zum einen zählte die Eisfläche, auf der wir unsere Heimspiele bestritten, zu den kleinsten des Landes, was Gegner, die größere Hallen gewohnt waren, normalerweise vor Probleme hätte stellen müssen. Zum anderen besaßen sowohl die Gästeumkleide als auch unsere eigene Lüftungsanlagen, die ihren Namen nicht verdienten. Es stank dort dermaßen nach altem Schweiß, dass es beispielsweise nicht ratsam war, verkatert zum Training zu erscheinen. Ich hatte das zweimal probiert und beide Male nur mit Mühe ein Erbrechen verhindern können. Aber selbst diesen Vorteil wussten wir nicht in Siege umzumünzen. Egal, wie beeindruckt sich unsere Gegner von der olfaktorischen Wunderwaffe auch zeigen mochten, am Ende hielt es sie nicht davon ab, uns nach allen Regeln der Kunst zu zerlegen.

Hätten TV-Experten unseren Kader analysieren müssen, hätte es nur einen einzigen Diskussionspunkt gegeben, nämlich die Frage, wer als desolater zu bezeichnen war, Angriff oder Verteidigung. In meiner Wahrnehmung hätte das Urteil, unabhängig von der Tatsache, dass im Eishockey beide Mannschaftsteile deutlich stärker miteinander verzahnt sind als beispielsweise beim Fußball, paritätisch ausfallen müssen. Denn das Unvermögen regierte bei uns auf allen Positionen. Wir glichen einem Angler, an dessen Rute weder Haken noch Köder hängt, und dessen Kescher faustgroße Löcher aufweist.

Nach den Gesetzen der Vernunft, der Psychologie und der Selbstachtung hätten wir uns schlicht auflösen müssen. Aber wir liebten diesen Sport mit einer geradezu masochistischen Hingabe. Zusätzlich hatten wir uns über all die Jahre auch menschlich schätzen gelernt. Dauerhaftes gemeinsames Scheitern vermag eben eiserne Bande zu schmieden (wie schon die Panzerknacker eindrücklich bewiesen haben.) Selbst Kolja, unser Trainer (Spitzname *Kollaps*), der von uns allen der Ehrgeizigste, gleichsam natürlich der Ohnmächtigste und damit auch der Bedauernswerteste war, brachte es nicht übers Herz, uns im Stich zu lassen. Vielmehr unternahm er immer wieder neue Versuche, uns endlich in die Erfolgsspur zu bringen. Ein Bemühen, dem auch die heutige Niederlage geschuldet war. Kollaps hatte ein Freundschaftsspiel organisiert, und zwar gegen eine Frauenmannschaft aus Hannover.

»Wenn ihr die nicht schlagt, weiß ich auch nicht mehr weiter«, hatten seine aufmunternden Worte gelautet. Danach hatte er noch darauf hingewiesen, dass im Dameneishockey keine Checks erlaubt waren.

Daran hielten wir uns dann auch. (Wir waren eh nicht sonderlich gut in dieser Disziplin, krachten bei den entsprechenden Versuchen meist selbst in die Bande.). Die Hannoveranerinnen dagegen schienen von diesem Reglement noch nie gehört zu haben. Sie legten eine körperliche Härte an den Tag, wie sie noch nicht mal in der Harz-und-Heide-Liga üblich war.

Mein persönliches »Highlight« in dieser Hinsicht ist folgende Szene: Ich war mit dem Puck in die neutrale Zone gelaufen und hatte dort gestoppt, um einen Mitspieler zu suchen, den ich mit einem blitzsauberen Pass bedienen konnte. Noch während ich Ausschau hielt, traf mein Blick auf die gegnerische Kapitänin, die mit voller Fahrt auf mich zugelaufen kam. Um zu verhindern, dass sie mir das Spielgerät stibitzte, schlug ich den Puck mehr oder weniger blind nach vorn. Gleich darauf musste ich allerdings schmerzhaft erfahren, dass es meine Gegenspielerin auf etwas ganz anderes abgesehen hatte. Obwohl nach meinem Abspiel noch etwa drei Meter zwischen uns lagen, sie also problemlos hätte ausweichen oder anhalten können, änderte sie weder Richtung noch Tempo und bolzte mich kurzerhand um.

Ich schlug mit dem Hinterkopf zuerst auf die Eisfläche und blieb dort einige Sekunden liegen, bevor ich mich reichlich benommen zurück auf die Auswechselbank schleppte. Kein Wunder, dass ich danach wenig Lust auf meinen nächsten Einsatz verspürte. Kein Wunder, dass auch dieses Spiel verloren ging und zwar mit 1:5.

»Immerhin haben wir ein Tor geschossen«, sagte Mario, seines Zeichens Maschinenbaustudent im vierzehnten Semester, nachdem uns der Trainer in der Umkleide eine Gardinenpredigt gehalten hatte.

Kollaps machte seinem Namen daraufhin alle Ehre und zertrat nacheinander zwei Plastikmülleimer sowie den Ghettoblaster, den er extra angeschafft hatte, um uns vor Spielbeginn mit einer Mischung aus Heavy Metal und deutschem Schlager den letzten Motivationsschub zu verpassen.

Kein Wunder, dass Zachowiaks und meine Laune nicht die allerbeste war, als uns Mettmann mit diesem Eddie-the-Eagle-Vergleich kam. Aber der alte Zausel war noch nicht fertig. Nachdem wir uns umgezogen hatten, setzte er seine Analyse schonungslos fort: »Das Einzige, was euch helfen könnte, von einem kompletten Austausch der Mannschaft mal abgesehen, wäre ein Krake im Tor oder eine vielarmige Göttin wie Kali. Vielleicht noch ein Sumoringer, der dergestalt zwischen die Pfosten gequetscht werden müsste, dass kein Puck mehr vorbeipasst.« Er lachte dreckig.

Zachowiak und ich lachten mit, wenn auch etwas gequält.

Drei Wochen später, wir hatten das Gespräch längst vergessen, tauchte eine merkwürdige Gestalt beim Training auf: ein Trumm von Mensch, fast so breit wie hoch, gewandet in etwas, das mal ein Bettlaken gewesen sein musste. Auf dem Kopf ein Torwarthelm aus den 1950ern oder 60ern, an den Füßen Schlittschuhe aus derselben Epoche. Von einer Hose, so vorhanden, war aufgrund der Länge des »Trikots« nichts zu sehen. Dafür waren die Stulpen umso beeindruckender: Sie sahen aus wie Teile einer langen Unterhose aus weißem Feinripp, die abgeschnitten und mit Edding-Stiften abwechselnd mit schwarzen und roten Streifen bemalt worden waren.

Die Erscheinung betrat die Eisfläche und bewegte sich mit unbeholfenen Schritten und rudernden Armbewegungen auf unsere Trainingsgruppe zu. Schlittschuhlaufen konnte sie offenkundig nicht.

Einige begannen zu kichern, der Großteil der Mannschaft jedoch – darunter Zachowiak und ich – verfolgten das Schauspiel in stummer Verblüffung.

Dieses Gefühl steigerte sich noch, als der ungebetene Besucher, nachdem er unter Mühen kurz vor dem Zusammenprall mit einem unserer Abwehrspieler zum Stehen gekommen war, den Helm abnahm. Es war kein Geringerer als Mettmann, der uns da ein ebenso verschmitztes wie stolzes Grinsen entgegenschickte.

Bei allen heulenden Höllenhunden, wo kam der denn her? Und wieso hatte er plötzlich einen derart massigen Körper?

»Ein Fatsuit«, lautete die lapidare Antwort, nachdem wir unseren größten Fan und Kritiker (andere Anhänger besaßen die Razors ohnehin nicht) mit entsprechenden Fragen bestürmt hatten. »Ein alter Bekannter von mir ist Hausmeister in den Studios Babelsberg; der hat mir das gute Stück günstig überlassen. Das Trikot habe ich selbst gemacht.« Mettmann präsentierte ein weiteres Mal seine nur noch von wenigen Ruinen bevölkerte Mundhöhle.

»Und was bezweckst du mit dieser Verkleidung?«

»Na, das ist doch klar. Ich bin euer neuer Startorhüter.«

Kollaps zeigte sich, wie auch der überwiegende Teil des Teams, wenig überzeugt von der Idee. Aber Zachowiak und ich ließen, unterstützt von zwei, drei Neugierigen, unsere Überredungskünste spielen. (Wir konnten unseren alten Freund und Weggefährten schließlich nicht hängen lassen.) Und so wurde nach kurzer Diskussion beschlossen, es auf einen Versuch ankommen zu lassen.

Von unserem Stammgoalie erhielt Mettmann Beinschützer, Handschuhe und Schläger. Dann wurde er von Zachowiak und mir zu einem der Tore geleitet, wo wir ihn mit sanftem Druck in die richtige Position, sprich: in eine leichte Hocke brachten, deren Schwerpunkt sich am Fadenkreuz zwischen Latte und Pfosten orientierte.

Das Ergebnis war beeindruckend. Mettmanns Fatsuitbewehrter Leib verdeckte deutlich mehr vom Netz, als ich erwartet hatte. (So ein Eishockeytor ist eben keine Garageneinfahrt.) Sicher, da waren noch ein paar Lücken, vor allem im unteren Bereich. Und hätten wir in der NHL gespielt, hätten wir das Experiment schon an diesem Punkt abbrechen müssen. In der Harz-und-Heide-Liga waren platzierte Schüsse allerdings die Ausnahme. Hier wurde zumeist nach dem Prinzip Hoffnung aufs Tor gefeuert.

Ein Umstand, der uns nicht davon abhielt, noch ein paar Veränderungen vorzunehmen.

»Du musst weiter runter«, befahl Zachowiak.

Mettmann tat, wie ihm geheißen.

»Top!« Zachowiak ging nun selbst in die Knie und machte sich daran, Füße und Unterschenkel unseres neuen »Startorhüters« dergestalt auszurichten, dass zwischen den Schonern gerade mal eine BiFi hindurchgepasst hätte (längs natürlich). Danach brauchte es nur noch eine kurze Korrektur des Schlägers und schon war der Bau der mettmannschen Mauer vollendet.

»Jetzt bloß nicht mehr bewegen«, insistierte ich und trat einen Schritt zurück, um einen letzten Blick auf das Kunstwerk zu werfen.

Und das war wahrlich beindruckend. Fünfundneunzig Prozent des Tores standen gegnerischen Schützen ab sofort nicht mehr zu Verfügung. Die einzigen Einschussmöglichkeiten boten DIN-A7-große Stellen oberhalb der Schultern sowie eine kleine Lücke neben dem rechten Schoner.

Wie schwer ein Treffer tatsächlich zu erzielen war, zeigte das Scheibenschießen, das Kollaps gleich darauf ansetzte. Von hundert Schüssen, die wir nacheinander in kurzer Abfolge aus einer Entfernung von etwa sechs Metern abfeuerten, fanden gerade mal zwei ihren Weg ins Tor. Das Trainingsspiel im Anschluss war noch beeindruckender. Mettmanns Team, zu dem sich erfreulicherweise auch Zachowiak und ich zählen durften, gewann mit einem bestechenden 7:0.

»Gut, wir versuchen es«, ließ sich Kollaps nach Abpfiff vernehmen. Seine Stimme klang gewohnt grimmig. Aber das Glimmen in seinen Pupillen verriet, dass er Feuer gefangen hatte.

In der Umkleide präsentierte uns Mettmann den »Lohn« seiner Mühen: blaue Flecke, wohin das Auge blickte, vor allem auf dem Oberkörper. Wir kannten das schon von unseren vorherigen Torhütern. Da die aber wenigstens hin und wieder die Fanghand oder den Schläger zum Einsatz gebracht hatten, war die Anzahl der Hämatome stets überschaubar geblieben.

»Shit, das sieht übel aus«, befand ich. »Wirst du das durchhalten?«

Mettmanns Antwort war wenig überraschend. Schließlich war er schon mit sechzehn zur See gefahren und hatte danach elf Jahre Knasterfahrung sammeln müssen.

»Klar«, sagte er. »Aber unter einer Bedingung: Für fünf blaue Flecke gibt es ein Bier und eine Riesenbockwurst von der Tanke.«

Zachowiak und ich stimmten ohne zu zögern zu.

Unser nächstes Spiel fand gegen die Jackhammers aus Salzgitter statt (Lebensmotto *mein Dasein war schon bitter, dann zog ich nach Salzgitter*). Die Gelegenheit, unsere neue Geheimwaffe unter Wettkampfbedingungen zu testen.

Nachdem wir aufs Eis gelaufen waren, ernteten wir reichlich scheele Blicke vonseiten der Presslufthämmer. Auch an Spott ließen es die Salzgitteraner nicht mangeln.

»Na, hat sich euer Torhüter endlich einer Diät unterzogen?«

»Ist ja eine richtige Raubkatze.«

»Werdet ihr jetzt von Bahlsen-Chips gesponsort?«

(Und das waren noch die netteren Kommentare.)

Deutlich stiller wurden die *Schichtgesichter* (wie wir sie heimlich nannten), nachdem sie registriert hatten, dass wir auf das übliche Warmschießen unseres Goalies verzichteten.

Und im Spiel verstummten sie dann vollends. Da auf unserer Seite keine Notwendigkeit mehr bestand, mehr als das Nötigste für die Defensive zu tun, konnten wir alles nach vorn werfen und führten zur ersten Drittelpause bereits mit 3:0. Die Jackhammers antworteten mit wütenden Angriffen, aber an Mettmanns Massen kamen sie einfach nicht vorbei. Und nachdem wir im zweiten Drittel auf 5:0 erhöht hatten, war *der Drops dann schon gelutscht*, wie es in der Welt der Sportkommentatoren so unschön heißt. Die vorlaute Bagage aus der Nachbarstadt hatte dem so gänzlich unerwarteten Spielverlauf vor allem mental nichts mehr entgegenzusetzen, ließ weitere vier Gegentreffer zu und musste sich am Ende mit 9:1 geschlagen geben (einen Schuss hatte Mettmann zwischenzeitlich dann doch passieren lassen müssen).

Wir fielen uns erleichtert in die Arme und ergingen uns in Jubelarien, wobei wir es nicht versäumten, auch unseren Torwart ausreichend zu herzen. Das ewige Verliererteam hatte einen nicht für möglich gehaltenen Triumph errungen. 9:1! Gegen die Jackhammers! Eine Mannschaft, die uns oft genug mit mehr als zehn Toren Differenz gedemütigt hatte.

Die aufgebrachten Proteste der Salzgitteraner ließen wir entspannt an uns abtropfen. Von unsportlichem Verhalten war die Rede, ja von Schiebung gar. Aber es gab nun mal keine Regel, die den Körperumfang eines Goalies vorschrieb. Und dass Mettmann einen Fatsuit unter seinem Dress trug (das Bettlaken war mittlerweile durch ein Exemplar ersetzt worden, das aus zwei regulären Trikots zusammengeschneidert worden war), davon wusste der Gegner ja zum Glück nichts.

Wir achteten dann auch penibel darauf, dass unser kleines Geheimnis ungelüftet blieb. Mettmann tauschte Schlitt- gegen Straßenschuhe und warf sich einen Mantel über. Danach wurde er schnurstracks in Zachowiaks Auto verfrachtet.

Nachdem wir den Helden des Abends zu Hause abgeliefert und in aller Ruhe hatten duschen lassen, ging es bei einem gepflegten Wolters Pils ans Hämatome zählen. Das Ergebnis (abgerundet): sechzehn Bier, sechzehn Bockwürste. Zweifelsohne ein teurer Spaß. Aber das Gefühl, endlich mal auf der Gewinnerseite zu stehen, wog diese Ausgaben mehr als auf.

»Beim Belenus, was für ein denkwürdiger Tag«, entfuhr es Zachowiak, wobei sich in seinen Augenwinkeln eine leichte Tränenfeuchte zeigte. Und dann, direkt an Mettmann gerichtet: »Dass uns ausgerechnet ein Sportverächter wie du zu unserem allerersten Erfolg verhelfen würde, hätte ich noch nicht mal in meinen kühnsten Träumen für möglich gehalten.«

Mettmann lehnte sich in seinem Ohrensessel zurück, zog genüsslich an seiner Selbstgedrehten und erwiderte schließlich: »Wer einen Tiger weckt, sollte einen langen Stock benutzen. Mao Tse-tung.«

Dank unseres »adipösen Tigers« setzte sich unser Siegeszug auch in den nächsten Partien fort. Wir kassierten nie mehr als drei Tore, schossen aber selbst jeweils mindestens sechs.

Mit Sicherheit sprach sich die Tatsache, dass wir ein Torwartwunder verpflichtet hatten, von Erfolg zu Erfolg mehr herum. Diese Information nützte unseren Widersachern jedoch herzlich wenig. Sie fanden einfach kein Mittel gegen unser so einzigartiges Bollwerk, das seinen Ursprung im Babelsberger Kostümfundus genommen hatte. Als logische Konsequenz kletterten wir in der Tabelle stetig nach oben.

Vor dem abschließenden Spieltag lagen wir bereits an zweiter Stelle. Und zwar einen Punkt hinter den Drones aus Wolfsburg. Wie es die Vorsehung wollte, fand das letzte Match der Saison gegen den Spitzenreiter, sprich: gegen die *Radkappen* statt (wie wir sie *nicht nur* heimlich nannten). Die Razors hatten also die einmalige Chance, Harz-und-Heide-Meister zu werden.

Nach der Papierform war das natürlich eine klare Angelegenheit. (Wobei *Form* es nicht wirklich trifft. Mettmanns Fatsuit erfüllte schließlich unabhängig von Trainingsrückstand oder sonstigen körperlichen Defiziten seine Funktion. Um genau zu sein, nahm unser Torhüter an keinem einzigen Training teil. Warum auch?)

Die Entscheidungsschlacht ließ sich dann auch erwartbar trefflich an (und zwar im wahrsten Sinne des Wortes). Wir schossen wie gewohnt die ersten drei Tore und lagen nach dem zweiten Drittel mit einem entspannten 5:1 in Führung. Im Geiste sahen wir uns den Meisterpokal schon in die Höhe recken. Dann aber, genauer: in der siebenundvierzigsten Minute ereignete sich ein Missgeschick, das höchst verhängnisvolle Auswirkungen nach sich ziehen sollte.

Ein Stürmer der Drones war von einem unserer Verteidiger beim Eindringen in den Torraum zu Fall gebracht worden (*zu* nah durften wir den Gegner selbstredend nicht herankommen lassen) und mit den Kufen voran in Mettmann hineingeschliddert. Im ersten Moment sah es so aus, als ob keiner der Beteiligten zu Schaden gekommen wäre. Nur eine Minute später winkte mich Mettmann jedoch zu sich heran und zeigte mit dem Handschuh auf seine Hose.

»Ich laufe aus«, sagte er. Tatsächlich war auf dem blauen Stoff ein dunkler, etwa faustgroßer Fleck zu erkennen.

»Musst du pissen?«, fragte ich leicht konsterniert, weil ich nicht begriff, was hier vor sich ging.

»Nicht ich, du Idiot. Der Anzug«, erwiderte Mettmann.

Nun war ich vollends verwirrt.

»Der *Anzug* muss pissen?«

»Meine Güte, bist du begriffsstutzig«, herrschte Mettmann mich an. »Der Fatsuit hat einen Riss. Das muss passiert sein, als der Penner (gemeint war der gegnerische Stürmer) in mich hineingerauscht ist.«

»Und jetzt läuft er aus?«

»Genau.«

»Ach du Scheiße!«

Wir schwiegen einen kurzen Moment. Dann sagte ich: »Ich wusste gar nicht, dass das Teil mit Flüssigkeit gefüllt ist.«

»Ich auch nicht. Aber lamentieren bringt uns jetzt auch nicht weiter. Was machen wir?«

»Keine Ahnung«, entgegnete ich. »Wir müssen das irgendwie über die Zeit bringen.«

Ich fuhr kurz an die Bande, um den Trainer über die neue Lage zu informieren. Am einfachsten wäre es jetzt natürlich gewesen, einen neuen Torhüter einzuwechseln. Aber die beiden Goalies, die wir beschäftigt hatten, bevor Mettmann zu uns gestoßen war, hatten die Mannschaft unterdessen aus verständlichen Gründen verlassen.

Demgemäß blieb nur eine Möglichkeit. Und zwar diese: Wir stellten das System komplett um und konzentrierten all unsere Kräfte ausnahmslos auf die Verteidigung. Das allerdings half nur bedingt. Mettmann schrumpfte im Sekundentakt, während der Gegner, was Selbstvertrauen und Einsatzfreude anging, kontinuierlich zulegte.

In der dreiundfünfzigsten Minute fiel das 2:5, in der siebenundfünfzigsten fehlte den Drones nur noch ein Treffer zum Ausgleich. Mehr als verständlich, dass die Wolfsburger bereits in der achtundfünfzigsten den Torhüter rausnahmen und durch einen sechsten Feldspieler ersetzten.

Die letzten zweieinhalb Minuten sahen wir uns einem regelrechten Dauerfeuer ausgesetzt, wehrten aber mit Glück und Geschick alle Angriffsversuche ab (wobei die Betonung vor allem auf *Glück* liegt). Mettmann hatte derweil längst die Maße erreicht, die ihm die Natur mitgegeben hatte.

Neun Sekunden vor Schluss dann das absolute Worst-case-Szenario: Nach einem unerlaubten Weitschuss gab es Bully in unserem Drittel. Der gegnerische Stürmer gewann dasselbe mit leichter Hand, spielte den Puck auf die Kelle eines Teamgefährten, der sich gerade mal zwei Meter vor unserem Tor befand und demgemäß nur noch hätte einlochen müssen. Das versuchte er auch. Aber dann geschah das Unglaubliche. Mettmann, der zwischen den Pfosten mittlerweile geradezu zwergenhaft wirkte, bewegte sich zum ersten Mal, seitdem er unsere Reihen verstärkt hatte, machte sich lang und kassierte den äußerst platzierten Schuss mit der Fanghand.

Erneutes Bully. Erneuter Puck-Gewinn des Gegners. Schlagschuss. Latte. Abpfiff. Der Rest war Ekstase pur. Orgien, die vor allem einen Darsteller zum Mittelpunkt hatten. Oder um es in Anlehnung an die Abenteuer von Lurchi, dem Salamander, zu formulieren: Lang scholl's durch die Halle noch: Unser Mettmann lebe hoch!

IM SCHATTEN DER CHAOSTAGE

(Vorkriegsjugend Teil 2)

»Wenn du mein Sohn wärst, würde ich dich eigenhändig in der Latrine ersäufen.« Der Bulle, der sich als PM Staub vorgestellt hatte, beugte sich über die Tischplatte und brachte die teigige Zellansammlung, die ihm die Wirren der Evolution auf den Hals gepflanzt hatten, ganz nah an mein Gesicht heran.

»Na, komm, wir wollen's nicht übertreiben, Ernst-Volker«, ließ sich Staubs Kollege vernehmen, ein hagerer Kettenraucher namens PM Garweg. »Bei den meisten von denen reicht doch schon ein bisschen Arbeitsdienst. Mal raus aufs Zuckerrübenfeld, frische Luft schnappen. Und ein vernünftiger Haarschnitt natürlich. Sehen ja aus wie Schwuletten mit ihren gefärbten Vogelnestern.«

Staub griff die letzte Bemerkung voller Enthusiasmus auf: »Kahlrasieren musst du die Brüder, Burkhard«, röhrte er. »Mit 'ner richtig stumpfen Klinge. Und dann alle in einen Sack stecken und so lange mit dem Knüppel drauf, bis sich nichts mehr rührt.«

Seine Gewaltphantasien waren das eine, die olfaktorische Pein, der ich mich durch seine Nähe ausgesetzt sah, etwas ganz anderes. Seine Tortilla-Fresse roch nach 4711, Zwiebeln und etwas, das mal ein Schwein gewesen war. Er musste direkt vor dem Verhör ein Mettbrötchen gegessen haben.

Gut, dass sein Gesicht kurz darauf verschwand und

durch Garwegs Skorbut-Schädel ersetzt wurde, dem der erlösende Rauch einer *Reval ohne* entstieg. Ich musste an den Spruch denken, den mein verstorbener Großvater so gern aufgesagt hatte, während er – stets eine eigene Teerschleuder zwischen den Lippen – versuchte, Familienfeiern in giftgasgesättigte Weltkriegsschützengräben zu verwandeln: *Siehst du die Gräber dort im Tal? Das sind die Raucher von Reval.*

Garwegs Stimme riss mich aus meinen Erinnerungen: »Dein freches Grinsen wird dir schon noch vergehen, Jüngelchen.«

Die leere Drohgebärde eines Menschen, der nicht wirklich etwas in der Hand hat. Ich fürchtete mich nur bedingt. Natürlich war es nicht angenehm, einem Verhör unterzogen zu werden. Natürlich hatten die Stunden in der Zelle ihre Wirkung hinterlassen. Und der leichte Kater, der mittlerweile von mir Besitz ergriffen hatte, tat sein Übriges. Aber dies hier war nicht Uganda. Foltern würden sie mich nicht. Und so konnte mir, wenn ich nur konsequent bei dem blieb, was ich mit Properski, Vornefett und Melzer abgesprochen hatte, nichts Großes passieren. Dass die Bullen ruppig bis menschenverachtend mit Punks umgingen, war okay. Letztlich wollten wir es gar nicht anders. Sie hassten uns, wir hassten sie. Wären sie netter zu uns gewesen, hätten wir etwas falsch gemacht.

Um zu zeigen, dass ich keine Angst vor ihm hatte, grinste ich eine Spur aufsässiger und zeigte auf Garwegs Kippe.

»Bekomme ich auch eine?«

»Sicher«, sagte der Ordnungshüter gedehnt. »Wenn du dem guten Onkel hier gesagt hast, was ihr mit den Molotow-Cocktails vorhattet.«

»Die lagen schon im Wagen, als mein Kumpel das Fahrzeug von seinem Vater entliehen hat.«

»*Entliehen* ist gut.« Er lächelte höhnisch. »Fangen wir anders an: Ihr wolltet doch zu diesem Punkertreffen, richtig?« Er wandte sich an seinen Kollegen: »Wie hieß das doch gleich, Ernst-Volker?«

»Hottentotten-Ball«, entgegnete der Angesprochene.

»Na, nennen wir's einfach Tunten-Tagung.« Diesmal war Garwegs Grinsen echt. »Also, ihr wolltet jedenfalls nach Hannover, sind wir uns da einig?«

»Aber mitnichten, Herr Wachtmeister. Wir wollten nichts weiter, als eine kleine Landpartie unternehmen. Die herrlich saftigen Weiden, das prächtige Schlachtvieh, die pittoresken Inzestkaten an uns vorbeiziehen lassen und dabei ein bisschen von ausschweifendem Analverkehr träumen.« Ich grinste nun meinerseits, und zwar süffisant.

Für Ernst-Volker, den ich insgeheim bereits *Ernstl* nannte, offenbar einen Tick zu anmaßend.

»Genug jetzt«, brüllte der verbeamtete Sadist, drängte PM Garweg zur Seite, ja, checkte ihn beinah, und hämmerte seine Eisenflechterfaust mit einer Wucht auf die Tischplatte, als ob dort eine brasilianische Wanderspinne sitzen würde.

Aber auch das nützte nichts. Ich blieb bei meiner Geschichte. Wir hatten weder eine Erklärung für die Mollis, noch je von den Chaostagen gehört. Properskis Trunkenheitsfahrt und sein nicht vorhandener Führerschein waren ja leider Fakten, über die kein Wort mehr zu verlieren war.

Und dann hatten die beiden Staatsdiener irgendwann genug von meiner Verweigerungshaltung und meiner Teenager-Akne und schickten mich zurück zu den anderen. Die waren bereits vor mir dran gewesen und – zumindest nach eigener Aussage – ebenfalls standhaft geblieben, weshalb einem gegenseitigen Auf-die-Schulter-Klopfen nichts im Wege stand. Dass das Autobahnrevier, in dem wir uns befanden, nur über diesen einen Arrestraum verfügte, war ein echter Segen.

»Meine Güte, was für Kackvögel!«, frohlockte Vornefett. »Der mit dem Specknacken, Staubfänger oder wie er heißt, wollte doch allen Ernstes wissen, ob ich Kontakte zur RAF habe.«

»Mich hat er gefragt, ob ich in letzter Zeit mal in der DDR gewesen wäre«, berichtete Melzer nicht minder vergnügt.

»Wahrscheinlich geht er davon aus, dass wir die Mollis direkt von der Stasi bezogen haben«, schlussfolgerte ich.

»Genau, echte Qualitätsmollis aus dem Explosivstoff-Kombinat *Banner des Friedens*, Karl-Marx-Stadt.« Vornefett lachte.

Wir anderen lachten mit. Wäre diese Unsitte schon damals bis in den deutschen Sprachraum vorgedrungen, hätten wir uns wahrscheinlich abgeklatscht.

Dann hieß es warten. Was erträglicher gewesen wäre, wenn wir weniger Durst gehabt hätten. Unsere Zungen fühlten sich an wie Quallen, die wochenlang in der Wüstensonne gelegen hatten. Unsere Kehlen verlangte es nach etwas, das sich lindernd aufs wundgeschmirgelte Fleisch legte. Wir waren Touristen im eigenen Körper. Ein Gefühl, das auch dann nicht nachlassen wollte, als irgendwann unsere Tabakvorräte aufgebraucht waren, im Gegenteil. Aber schließlich war auch diese Tortur überstanden. Es rasselte und klimperte, dann öffnete sich die schwere Tür und gab den Blick auf Garwegs Echsenfresse frei.

»So. Raus mit euch!«, befahl er und wedelte jovial mit der Rechten. Wir ließen uns nicht lange bitten.

Seit unserer Verhaftung mochten etwa zwölf Stunden vergangen sein. Es blieb also ausreichend Zeit, einen zweiten Anlauf Richtung Chaostage zu wagen. Die Ausschweifungen in Hannover sollten ja das ganze Wochenende andauern. Dass wir uns von dem kleinen Malheur mit den Molotowcocktails nicht würden zurückwerfen lassen, da waren wir uns alle einig gewesen. Einzig Properski hatte es etwas an Begeisterung missen lassen. Aber der hatte ja auch die mit Abstand größte Alkoholintoxikation zu verkraften.

Es galt, noch zwei, drei kleinere Formalitäten zu erledigen, dann bekamen wir unsere Ausweise sowie den unverdächtigen Teil unserer Habe zurück und durften endlich wieder an die frische Luft.

Dort wartete bereits eine Gestalt, die ich, obwohl ich sie noch nie gesehen hatte, unschwer als Properskis Vater erkannte. Eine Mischung aus Golem und Schuhverkäufer, gewissermaßen ein Al Bundy im XXL-Format mit brutaler Kopfgeldjäger-Visage. Ohne den Rest unseres Quartetts eines Blickes zu würdigen, packte er seinen Filius mit hartem Griff am Oberarm und zwang ihn auf den Beifahrersitz seiner Mittelklasselimousine.

Als er sich anschickte, am Kühler vorbei zur Fahrerseite zurückzumarschieren, erhob Vornefett die Stimme: »Hey, Meister, wie sieht's aus, keine Lust, uns ein Stückchen mitzunehmen? Kleiner Umweg über die Landeshauptstadt. Wir beabsichtigen, dort an einer kulturellen Veranstaltung von internationalem Renommee teilzunehmen, deren Strahlkraft mindestens einzigartig genannt werden muss.«

Properskis Alter gab keine Antwort. Aber er warf Vornefett

einen Blick zu, der einen Toros Célebres, also einen dieser gefeierten Kampfstiere, in Rinderbrühe hätte verwandeln können. Dann stieg er ein, gab Properski eine ansatzlose Schelle an den Hinterkopf und trat aufs Gas. Der Audi, oder was auch immer er sich da unter den feisten Arsch geklemmt hatte, rauschte davon. Während wir ihm hinterherstarrten, sah es für eine Sekunde so aus, als würde uns Properski mit einem ausgestreckten Mittelfinger grüßen. Immerhin.

Nichtsdestotrotz galt es zu konstatieren, dass wir nur noch zu dritt waren, seit Beginn unserer kleinen Unternehmung also bereits ganze vier Mitglieder unserer Reisegruppe verloren hatten. Wenn es nach Achmed Vornefett gegangen wäre, der sein Nietenarmband mit Sieben-Zentimeter-Serienkiller-Nieten beweinte, das die Bullen einbehalten hatten, beliefen sich die Verluste gar auf fünf. Dazu muss man wissen, dass der gemeine Punkrocker eine geradezu pathologische Leidenschaft zu den Utensilien pflegt, mit denen er seinen schartigen Leib ziert. Trübsal wollten wir dennoch nicht aufkommen lassen.

»Was machen wir jetzt?«, wollte Melzer wissen und klang dabei alles andere als resignativ.

»Na, was wohl?!«, gab Vornefett zurück. »Wir halten ein Auto an, und dann auf nach Hannover.«

Gesagt, getan. Abwechselnd hielten wir den Daumen raus, während die beiden, die gerade Pause hatten, versteckt hinter einem Buchsbaumstrauch lagerten. Mit unserem verwegenen Äußeren war es selbst für den Einzelnen schwer genug, einen Lift zu ergattern.

Auch diesmal zog Wagen um Wagen an uns vorbei, ohne dass sich einer der Besitzer erbarmt hätte, uns einen Platz in der Fahrgastzelle anzubieten.

»Wenn wir wenigstens Bier hätten«, stöhnte Melzer.

Aber außer der Bullenwache hatte dieser ungastliche Ort nichts zu bieten, keine Tanke, kein Restaurant, noch nicht mal einen Imbiss.

Die Minuten dehnten sich zu Nachmittagen im Kinderkrankenbett.

Dann aber, gerade als niemand mehr daran glauben wollte, tat sich doch noch etwas. Ich hatte just eine neue Schicht übernommen, als ein eitergelber Opel Kadett an mir vorbeirollte, keine zehn Meter weiter abrupt stoppte, scharf zurücksetzte und vor mir zum Stehen kam. Seltsamerweise war er vollbesetzt, das verriet schon ein erster Blick. Ein zweiter verriet etwas noch viel Seltsameres, ja, schier Unglaubliches. Auf dem Beifahrersitz saß ein alter Bekannter, nämlich der dicke Ulli, seines Zeichens Skinhead der brutaleren Sorte. So weit, so unschön. Neben ihm jedoch – und das war es, was die Szenerie erst wirklich spektakulär werden ließ – ein zweiter Kahlkopf, und zwar einer, der den dicken Ulli, wie ich leider selbst schon hatte erfahren müssen, an Gemeinheit noch übertraf. Sein Name: der dicke Olli.

Obwohl beide in unserer Stadt lebten, hatte ich sie noch nie zusammen gesehen. Und ich kannte auch niemanden, der das hätte von sich behaupten können. Sie waren zwei Monolithen mit eigenem Reich und eigener Gefolgschaft. Sie nun Seit an Seit zu erleben, war in etwa so furchterregend, als hätte sich Nordkorea mit den Roten Khmer Kambodschas verbündet.

Während ich noch, starr wie ein Frosch, den es ins Kühlhaus verschlagen hat, mit der ersten Schockwelle kämpfte, öffnete sich das Beifahrerfenster.

»Na, Punk«, sagte der dicke Ulli (den ich im weiteren Verlauf der Einfachheit halber *Dulli* nennen möchte) und sah mir eindringlich in die Augen.

»Hallo«, entgegnete ich zögerlich.

»Willste 'ne Schelle?«

»Äh … nein.« Ich trat einen Schritt zurück.

»Du kriegst trotzdem eine.«

»Was? Wieso denn?« Himmel, ich klang viel zu weinerlich, etwa so wie meine kleine Schwester, wenn ich ihre Barbie mit dem Feuerzeug ankokelte.

»Wieso? Na, weil ich heute Morgen das Schellenbäumchen geschüttelt habe und jetzt die Ernte verteile«, feixte die Sado-Glatze.

Der Brutalo neben ihm hatte derweil seinen massigen Oberkörper so weit Richtung Beifahrerseite hinübergebeugt, dass er mich ebenfalls ins Auge fassen konnte. Nun sagte er: »Hey, den kenne ich doch.«

Na, wunderbar! Mir fielen die zahllosen Abende im *Gully* ein, an denen mich das Sackgesicht mal mehr, mal weniger heftig gepiesackt hatte, am liebsten vor den Augen, der fünf, sechs Speichellecker, mit denen er sich für gewöhnlich umgab.

Ein erster Fluchtimpuls verteilte Visitenkarten an die zuständigen Stellen meines Gehirns. Daneben tauchte die Frage auf, wo eigentlich Vornefett und Melzer blieben. Wieso kamen sie ihrem bedrängten Blutsbruder nicht zu Hilfe? Der dicke Olli (den ich ab sofort *Dolli* nennen werde) schwadronierte derweil munter weiter: »Du warst doch auch dabei, als mir die Rocker in die Fresse geschossen haben.« Und dann erklärend an seinen Beifahrer: »Der war dabei, als sie mir in die Fresse geschossen haben.«

Dolli spielte auf einen Abend an, an dem im Toilettenbereich des *Gullys* unmittelbar vor seinem Gesichtsimitat eine Gaswumme abgefeuert worden war. Der Schütze war Vornefett gewesen, dem es allerdings mit meiner bescheidenen Hilfe gelungen war, die Tat einer örtlichen Biker-Vereinigung unterzuschieben.

Als er hätte meine Gedanken gelesen, sagte Dolli: »Mir ist zu Ohren gekommen, dass das gar keine Rocker waren, sondern Punks. Du weißt da nicht zufällig was von?« Und erklärend an Dulli: »Das waren wahrscheinlich Punks, keine Rocker.«

Ich hätte jetzt gern etwas Lässiges von mir gegeben, etwas im Stile von *Weiß die Wolke am Himmel, was sich in den Tiefen der Kanalisation vollzieht?* Aber ich hatte eine Heidenangst und ich wollte nicht noch einmal so klingen wie meine Schwester, also schüttelte ich nur stumm den Kopf.

»Lass ihm doch einfach erst mal 'ne Schelle geben«, mischte sich Dulli ein und ließ die Tür aufschnappen. »Danach kannste ihn ja noch mal fragen.«

»Ist gut«, pflichtete Dolli bei und schickte sich seinerseits an auszusteigen.

Da endlich tauchte Vornefett neben mir auf.

»Ah, die Anusköpfigen, die Herren von der Blitzbirnen-Fraktion«, tönte er, jovial wie ein Staubsaugervertreter. »Auch auf dem Weg zu den Chaostagen?« Ohne der Gegenseite auch nur die Minimalchance zur Replik zu geben, fuhr er fort: »Wir hatten gerade eine kleine Unterredung mit den Häschern der Staatsmacht, und wisst ihr, was die gesagt haben?« Wieder holte er nur so lange Luft, wie eine Schneeflocke auf der Windschutzscheibe zum Schmelzen benötigt. »Sie haben gesagt, dass sie die Kollegen, die dort heute

Dienst hätten, beneiden würden. Vor allem um die Möglichkeit, sich mal eine dieser scheiß Glatzen vorzuknöpfen und ihr so richtig den Arsch zu versohlen. Die nämlich, also die scheiß Glatzen, wären nicht nur so dumm wie Corned Beef, sondern auch noch durch die Bank weg feige wie die dritte rumänische Armee vor Stalingrad. Wie findet ihr das?«

Dolli und Dulli wussten nicht so recht, wie sie das finden sollten, das war ihnen deutlich anzusehen. Nicht weniger offenkundig war ihr Befremden ob der dargebotenen Performance. Sie hielten Vornefett ganz unzweideutig für einen entsprungenen Irren.

Der ließ auch weiterhin keinen Raum für Zwischenfragen, vielmehr erhöhte er noch einmal die Drehzahl.

»Und sie haben ja recht«, brüllte er. »Die meisten Boneheads haben nur ein Ei und das tragen sie auf dem Hals!« Bei diesen Worten sprang er davon, auf eine seltsame, bocksbeinige Art, die ich nie zuvor an ihm gesehen hatte. Sein Vortrag aber war damit noch nicht zu Ende: »Heldenhaft sind allein die Krieger der Verweigerung, der Auswurf, der Abschaum, die verlachten Herrscher der Müllhalden.«

Er stoppte kurz ab, dann trat er, so virtuos und brutal zugleich, dass man an einen Wikinger denken musste, der sich ein Tutu übergestreift hatte, mit einem Tritt aus der Drehung eins der beiden schweren Polizeimotorräder um, die vor der Wache geparkt waren. Kaum, dass die BMW den Boden berührt hatte, war Vornefett auch schon über ihr und begann auf ihr herumzuhüpfen, als ob die Cops zum Kinderfest geladen und das Zweirad als Trampolin zur Verfügung gestellt hätten.

Ich war währenddessen zwei, drei Meter vom Opel zurückgetreten, Melzer dagegen das entsprechende Stück näher gekommen, sodass wir das Geschehen nun von derselben Warte aus verfolgen konnten. Das verband uns mit Dolli und Dulli sowie den drei Nachwuchsglatzen von der Rückbank, die endlich das Auto verlassen hatten. Uns allen gemein war in diesem Moment der offene Mund.

Dulli fing sich als Erster. Er ließ den Müllschlucker zwischen Kinn und Nase kurz zuklappen und sagte dann, an Dolli gewandt: »Ich gebe ihm ’ne Schelle. Besser gleich zwei.«

Dolli schüttelte missbilligend den Kopf: »Später, Sportsfreund, später. Erst mal zeigen wir den Asseln, wer hier Eier in der Hose hat.« Er richtete seinen Blick auf die drei Rekruten: »Leif, du nimmst dir das zweite Motorrad vor. Knut und Björn, ihr kümmert euch um den Streifenwagen. Und zwar mit den Keulen.« Er wies mit dem Kopf Richtung Kofferraum.

Leif, Knut und Björn taten – willenlose Kreaturen, die sie waren –, wie ihnen geheißen, griffen sich je einen Baseballschläger und machten sich ohne zu zögern ans Werk. Es hätte, so es möglich gewesen wäre, die Tatsache außer Acht zu lassen, dass die Rundhölzer in den Händen von Menschen lagen, die uns alles andere als wohlgesonnen waren, ein echter Augenschmaus sein können: diese geballte Ladung roher Gewalt gegen die Symbole der Staatsmacht. So war es eher mit dem Auftakt eines Horrorfilms zu vergleichen – über die Leinwand flimmert ausgelassene Partystimmung, aber du weißt genau, dass sie in Kürze in blankes Entsetzen umschlagen wird.

Dolli beobachtete das Treiben seiner Knechte wie ein Feldherr, verfolgte mit Argusaugen, wie sie Spiegel, Scheiben und Karosserie zerdepperten. Aber auch Vornefett hatte, obwohl keine Baseballkeule zur Hand, schon Einiges an

Beschädigungen vorzuweisen. Er hatte eben die guten, alten Springerstiefel an den Füßen. Ein Schuhwerk, das den Doc Martens der Gegenseite nicht zuletzt dank seines ausgeprägten Profils (nicht nur optisch) klar überlegen war. Das musste auch Dolli zur Kenntnis nehmen, dem das Zerstörungswerk seiner Sklavenarmee deutlich zu langsam vonstattenging.

»Hey, das ist kein Streichelzoo«, brüllte er. Und war, kaum dass er diese Unmutsäußerung der Außenwelt überantwortet hatte, mit zwei kurzen Sätzen zu Leif geeilt, dem er nun das Sport- und Freizeitgerät entriss, um sogleich seinerseits zu beweisen, dass der deutsche Skinhead ein wahrer Held der Abrisswirtschaft war. Er ging dabei mit einer Vehemenz zur Sache, dass man glauben konnte, der Korpus des Motorrads würde aus Fensterglas bestehen, so heftig flogen die Bruchstücke plötzlich in alle Richtungen. Zweifelsohne beeindruckend.

Zweifelsohne beeindruckt waren auch Garweg und Staub, die urplötzlich vor dem Eingang der Wache standen und mit den Armen herumwedelten wie Bhagwan-Jünger während einer Selbstfindungssession in Poona.

»Sofort aufhören!«, schrie Garweg.

Eine Aufforderung, der, damit ihr jemand hätte Gehorsam leisten können, normalerweise wenigstens zwei Sekunden Stille hätten folgen müssen. Die aber gab es nicht, da im nächsten Moment PM Staub seine Waffe zog und in beeindruckender Wildwestmanier vier oder fünf Schüsse in den Himmel jagte. Er war eben nicht der Geduldigste unter den Lämmern des Herrn, wobei ihm natürlich zugutehalten werden muss, dass die Besatzung des pittoresken Autobahnreviers offenkundig aus nicht mehr als zwei Personen bestand, was drastische Maßnahmen wenigstens im Ansatz rechtfertigte.

Dieselben verfehlten denn auch nicht ihre Wirkung. Leif, Knut und Björn erstarrten zu Botoxbäckchen. Auch Dolli hielt in seinem Treiben inne, startete aber sogleich eine Verbalattacke in Richtung der Ordnungshüter: »Ich glaub, ich spinne!«, brüllte er. »Feige wie rumänisches Corned Beef soll'n wir sein, und ihr Kasper ballert hier rum, obwohl wir so gut wie unbewaffnet sind. Werft eure Knarren weg und stellt euch wie Männer!« Dazu schwang er die Keule über dem Kopf wie jemand, der es beim großen Neandertaler-Ähnlichkeitswettbewerb unbedingt ins Finale schaffen wollte.

Melzer und ich nutzten den Umstand, dass er die gesamte Konzentration auf sich zog, und verdrückten uns klammheimlich in das Buchsbaumgebüsch, an dem wir schon während unserer vergeblichen Bemühungen in Sachen Autostopp gelagert hatten. Fehlten noch zwei der an der Szene beteiligten Protagonisten. Der eine, Dulli nämlich, blieb sich treu. Er wartete, bis Dollis Worte verhallt waren, dann wankte er, als würde er das zu Dollis Auftritt passende Mammut geben wollen, auf Staub und Garweg zu und schrie: »Jetzt gibt's Schellen-Frikassee, ihr Lachnummern. Jetzt klingelt's gleich in der Kapitänskajüte.«

Da Dolli ebenfalls Anstalten machte, sich den beiden Beamten zu nähern, zog nun auch PM Garweg seine Dienstpistole. Und damit entschied sich das Match.

Dulli lief noch ein, zwei Meter, allerdings nur, um dann schlagartig abzustoppen und artig die fleischigen Ärmchen zu heben. So eine Mündung gewinnt eben überproportional an Größe, je näher du ihr kommst; und auch ihre todbringende Schwärze scheint unerklärlicherweise noch zuzunehmen. Dulli jedenfalls kapitulierte auf ganzer Linie.

»Herr Wachtmeister, das waren die Punks, die haben uns angestiftet«, hörte ich ihn greinen, bevor er sich auf Garwegs Geheiß hin – die Hände noch immer über dem Kopf – auf den Bauch fallen ließ.

Auch Dolli wurde ausgebremst, dies aber nicht von den Ordnungshütern, sondern von Vornefett, der die allgemeine Verwirrung nutzte, um unseren Widersachern den finalen Schlag zu versetzen. Er hatte sich, wie Melzer und ich, mit leisen Sohlen ein Stück vom Zentrum des Geschehens entfernt, nun schaltete er plötzlich auf maximale Beschleunigung, überwand die letzten Meter, ohne dass ihn noch etwas hätte stoppen können, und sprang auf den Fahrersitz des eitergelben Opel. Da die Glatzen es nicht für nötig befunden hatten, den Zündschlüssel abzuziehen, brauchte es auch für das Starten des Fahrzeugs nur einen Augenblick. Dann heulte der Motor auf. Und schon brauste der Wagen mit quietschenden Reifen dem Sonnenuntergang entgegen.

Melzer und ich warfen uns einen Blick zu, der nichts als Bewunderung enthielt. Uns beiden war klar, dass Vornefett schon zu Beginn der Aktion genau diesen Abgang vor Augen gehabt hatte.

Dolli war ob dieses Manövers derart entsetzt, ja, erschüttert, dass er den Baseballschläger aus der Hand gleiten ließ, als hätte er Säbelzahntiger-Sperma am Griff entdeckt. Eine Schwäche, die PM Staub in der ihm eigenen Unsportlichkeit sogleich nutzte, um eine stramme rechte Gerade in dem halbgaren Pfannkuchen unterzubringen, der Dolli als Gesicht diente. Dollis Ingewahrsamnahme war danach nur noch Formsache. Wie sich auch Leif, Knut und Björn nur allzu willfährig Handschellen anlegen ließen.

Noch bevor die gesamte haarlose Brut in die Wache verbracht worden war, drangen Martinshörner an unsere Ohren. Gleich darauf fuhren zwei Streifenwagen vor. Sicher als Verstärkung von Garweg und Staub herbeigerufen. Und das war nur die Vorhut. In kurzer Folge erreichten nun weitere Einsatzfahrzeuge das Revier, darunter gleich zwei Ambulanzen, sowie mehrere Karren in Zivil. Was folgte, war hektisches Hin- und Hergerenne, ein Betrieb, als ob im Gebäude Gratislose für die Tombola beim alljährlichen Polizeiball verteilt würden. Unsere Chaostage im Miniaturformat hatten die Staatsmacht offenkundig nicht wenig nervös gemacht.

An ein Verlassen unseres Verstecks war für Melzer und mich angesichts dieses Auflaufs noch nicht mal zu denken. Unser Äußeres war das eine, die Tatsache, dass wir ohne Auto unterwegs waren, das andere – lästige Fragen hätte beides nach sich gezogen.

Selbst nach dem die Action vorbei war, sprich: das letzte Einsatzfahrzeug die Bildfläche endlich wieder verlassen hatte, wagten wir es lange nicht, das Gebüsch zu verlassen. Ich dachte an die Wirtshauskeilerei zurück, die unsere Reisegruppe die ersten drei Teilnehmer gekostet hatte, dachte daran, wie wir uns auch vor dem Gasthaus in einem Gebüsch hatten verstecken müssen, und nahm mit einem bitteren Lächeln zur Kenntnis, dass wir mittlerweile einige Erfahrung im Imitieren von Blattwerk vorzuweisen hatten. Die Zeit zog sich hin wie eine Folge *Traumschiff*. Gelenkschmerzen plagten uns, Hunger plagte uns, Durst plagte uns. Und es war wohl vor allem die letztgenannte Pein, die

Melzer irgendwann zu folgendem Ausruf zwang: »Ich halt's nicht mehr aus! Ich brauche ein Bier. Nein, ich brauche zehn Bier. Oder besser ein Fass.« Ohne meine Reaktion abzuwarten, robbte er aus dem Gesträuch.

Ich folgte ihm auf dem Fuße. Was für eine Erlösung, endlich die tauben Glieder recken zu dürfen.

Aber viel Zeit gönnten wir uns nicht für unser Stretching-Programm. Sobald wir unsere Gehfähigkeit zurückerlangt hatten, brachten wir uns so schnell wie möglich aus dem Lichtschein der Wache.

Am Ende der Raststätte angekommen, brauchte es nur ein kurzes Gespräch, um die weitere Planung abzustimmen.

»Und? Riskieren wir's noch mal mit Trampen?«, keuchte Melzer gehetzt.

»Was sonst?«, keuchte ich nicht weniger panisch zurück.

Wir hielten also erneut den Daumen raus. Und diesmal hatten wir Glück. Vielleicht lag es an der mitleiderregenden Panik, die unsere Gesichter beherrschte; vielleicht am Flüssigkeitsmangel, der aus unseren eingefallenen Wangen sprach. Vielleicht war es auch nur eine Erbarmungsgeste des Allerhöchsten, in jedem Fall stoppte nach nur wenigen Minuten ein Porsche neben uns. Für Tramper ein ganz seltenes Ereignis.

»Wo soll's hingehen?«, fragte der Mittvierziger am Steuer, dessen äußere Erscheinung – Poloshirt, gegeltes Haar, verspiegelte Sonnenbrille – trefflich mit seiner Luxuskarosse korrespondierte.

»Nach Hannover«, gab Melzer zur Antwort.

»Ich fahre nach Dortmund, also an Hannover vorbei. Aber vielleicht kann ich euch ja ...«

»Genau, lass uns einfach irgendwo raus«, vollendete

ich – die guten Sitten ignorierend – den Satz, weil ich einfach nichts dringender wollte, als endlich diesem vermaledeiten Rastplatz zu entkommen, an den ich mich mittlerweile gefesselt fühlte wie ein Spielsüchtiger an den Daddelautomaten.

»Äh, sicher. Okay«, kam es fast ein wenig erschrocken zurück.

Wir ließen uns nicht zweimal bitten. Ich quetschte ich mich auf die schmale Rückbank, Melzer nahm auf dem Beifahrersitz Platz. Der Fahrer gab Gas. Keine fünf Sekunden später fädelten wir uns schon in den Verkehr ein, und damit war sie – Halleluja – ein für alle Mal Geschichte, die Dantesche Hölle, die die Niedersächsische Landesbehörde für Straßenbau und Verkehr einzig für mich und meine Freunde entworfen zu haben schien.

Nach Konversation gelüstete es unseren Wohltäter nicht, ein Umstand, der Melzer und mich mit zusätzlicher Dankbarkeit erfüllte. Denn auch uns stand nicht der Sinn nach Gesprächen. Schweigend genossen wir das wohlige Dahingleiten und das Gefühl, endlich einmal keiner Unbill ausgesetzt zu sein. Dann aber ereignete sich etwas, das unseren neu gewonnenen Seelenfrieden nachhaltig erschütterte. Wie so häufig, begann auch diese Heimsuchung ganz harmlos.

»Gib mir doch bitte mal den Tabak aus dem Handschuhfach«, sagte der Fahrer an Melzer gewandt.

»Tabak?«, rief Melzer aus. Ich konnte das Aufleuchten seiner Pupillen förmlich sehen. »Darf ich, *dürfen wir* auch eine …?«

»Na klar. Aber lass mich vorher noch schnell einen bauen.«

»Einen bauen? Einen, äh … 'ne Tüte?« Wo es eben noch geleuchtet hatte, war nun ein atomarer Blitz am Werk. Auch das konnte ich deutlich wahrnehmen, ja, gleichsam nachempfinden, da auch in meine Glotzies ein spürbar lüsternes Gleißen getreten war.

»Heilige Scheiße, das wird ja immer besser«, hörte ich mich sagen.

Aber es wurde nicht besser. Oh nein, von diesem Moment an verlief die Kurve urplötzlich steil nach unten, beängstigend steil.

Kaum, dass unser Chauffeur den Tabaksbeutel entgegengenommen hatte, ließ er das Steuer los, lenkte mit den Knien weiter – wohlgemerkt ohne die Geschwindigkeit von ca. 160 km/h auch nur um eine Nuance zu verringern – und begann in aller Seelenruhe, die vielen Verrichtungen vorzunehmen, die es nun mal benötigt, bis ein Joint genussfähig ist, als da wären: Papers zusammenkleben, einen Filter rollen, das Piece aufbröseln und und und.

»Hey, vielleicht sollte ich das übernehmen«, insistierte Melzer, hörbar panisch.

Aber der Fahrer ließ sich nicht beirren.

»Nee, lass mal«, sagte er, so seelenruhig, als wäre der Porsche kein Porsche, sondern ein Eselskarren, der gemütlich einen Feldweg entlangzuckelt. »Ich baue meine Tüten am liebsten selbst.«

Melzer und ich verfolgten jede einzelne seiner Aktivitäten, als würden wir einem Mitarbeiter des Kampfmittelräumdienstes beim Entschärfen eines tonnenschweren Blindgängers zusehen. Gleichzeitig behielten wir, um wenigstens einen mahnenden Ruf ausstoßen zu können, die Verkehrslage im Auge.

Bis unser Chauffeur sich endlich Feuer gab und wieder eine Hand am Lenkrad hatte, schienen Jahre zu vergehen.

Umso größer natürlich das Glücksgefühl, als wir schließlich auch mal am Stuhlbein ziehen durften. Die Erleichterung war jedoch nur von kurzer Dauer. Denn mit dem beginnenden High schlich sich ein schauriger Gedanke hinter die Pupillen: Was, wenn der Fahrer noch einen nachlegen würde?

Das musste um jeden Preis verhindert werden. Während ich innerlich betete wie der Novize einer pakistanischen Koranschule, hielt ich nach Entfernungsschildern Ausschau.

Irgendwann zeigte sich eins mit der Aufschrift *Hannover 13 km*.

Höchste Zeit auszusteigen. Ich klopfte Melzer auf die Schulter: »Alter, sollten wir nicht langsam mal ...«

»Aber unbedingt.« Melzer wandte sich an den Knie-Artisten: »An der nächsten Abfahrt können sie uns rauslassen.«

»Ist dann aber noch ein Stückchen.«

»Nein, nein, das passt schon. Mein Kumpel und ich sind Frischluftfanatiker. Wir flanieren gern ein wenig in den Abendstunden.«

»Na gut«, kam es zurück. Und dann, nach einer kurzen Pause: »Soll ich schnell noch einen bauen?«

»Nein«, entgegnete Melzer wie aus der Pistole geschossen. »Nein wirklich nicht. Wir kiffen eigentlich nie. Höchstens mal zu Kindergeburtstagen oder Beschneidungsfeiern.«

Als wir das Höllengefährt etwa zwei Kilometer weiter (genauer: an der Abfahrt Hannover-Lahe) verlassen durften, waren mit den Nerven am Ende.

Ermattet stolperten wir die Leitplanke entlang. War alles ein bisschen viel für einen Tag. Die Lebensgeister meldeten sich dennoch zurück, und zwar in Form von Hunger und Durst, nagendem Hunger und quälendem Durst wohlgemerkt. Angefeuert vom Turn schrien unsere Leiber förmlich nach Labsal, flüssiger wie fester, am besten mit hohem Zuckergehalt. In meinem Kopf vereinten sich diese Begierden zum Abbild einer eisgekühlten Literflasche Cola.

»Vielleicht findet sich ja bald ein Kiosk«, spekulierte Melzer, ganz so, als ob er meine Gedanken lesen könnte. Hoffnungsfroh wies er auf die Ansammlung von Einfamilienhäusern, die sich etwa einen Kilometer voraus zeigte. »Hast du noch Kohle?«

Ich kramte in meinen Taschen; viel fand ich nicht.

»Eins sechzig. Und du?«

»Gar nichts mehr.«

Ich war nicht überrascht, fast alles, was wir besessen hatten, war für den Erwerb der Bordverpflegung draufgegangen, deren Reste sich nach wie vor im Wagen aus dem Fuhrpark von Properskis Vater und damit in den Händen der Staatsmacht befanden. Normalerweise war Geldknappheit kein Problem. Was uns fehlte, schnorrten wir zusammen. Wie aber wolltest du Menschen um *ein paar Groschen* angehen, die mit mindestens neunzig Sachen an dir vorbeirauschten? Auch in einer verschlafenen Vorortsiedlung würde diese snobistische Variante des Bettelns naturgemäß ein ganz und gar müßiges Unterfangen darstellen. Dankenswerterweise verfügten wir noch über eine weitere Option.

»Eins sechzig reichen für zwei Schokoriegel. Alles andere stibitzen wir einfach«, beschied Melzer.

Dass es dazu nicht kam, hatten wir dem zweiten Glücksfall des Tages zu verdanken.

Gerade als es Sinn gemacht hätte, der Leitplanke adieu

zu sagen und sich querfeldein voranzukämpfen, hielt ein paar Meter voraus ein knallgrüner Citroen 2CV, im Volksmund *Ente* genannt. Am Heck ein *No Nukes!*-Aufkleber; am Steuer – wie sich nach einem kurzen Sprint zur Beifahrertür zeigte – ein Mädchen, das zumindest auf den ersten Blick attraktiv genannt werden musste: lange, hennarote Haare, Stupsnase, übergroße, tropfenförmige Silberohrringe. Auto und äußerliche Erscheinung wiesen sie als *Teesocke* aus, also als Angehörige einer Kaste, die irgendwo zwischen Umweltaktivismus und Hippietum anzusiedeln war.

»Hey, kann ich euch mitnehmen?«

»Wir wollen ins Zentrum.«

»Ich fahr zwar nur nach Lahe. Aber ich kann euch an der Stadtbahn absetzen. Ist das okay?«

»Na klar.«

»Perfekt.«

Wir stiegen ein. Diesmal nahm Melzer auf der Rückbank Platz, während mir die Rolle des Copiloten zuteilwurde.

Kaum dass wir losgefahren waren, plapperte die Schöne am Steuer unbekümmert drauflos: »Ihr wollt sicher zu diesem Punkertreffen. Ihr seht müde aus. Habt ihr Hunger? Irgendwo müsste noch ’ne angebrochene Packung Prinzenrolle liegen. Ich bin übrigens Conny.«

Wir stellten uns ebenfalls vor. Dann stopften wir die De-Beukelaer-Kekse, die ich nach kurzem Herumtasten unter meinem Sitz entdeckt hatte, in uns hinein.

Melzer hatte die letzten Krümel noch nicht hinuntergeschluckt, als er sich unvermittelt mit diesen Worten vernehmen ließ: »Du bist Wassermann, richtig?«

Ich lächelte in mich hinein. Melzer probierte das ständig, jedenfalls bei den Mädchen, die ihm ansatzweise gefielen.

Er hatte mir das so erklärt: »Alter, die Chance auf einen Treffer liegt bei eins zu zwölf. Theoretisch musst du also nur zwölf Ischen anlabern und jedes Mal dasselbe Sternzeichen ins Rennen schicken. Und wenn du dann getroffen hast, ist das mindestens die halbe Miete. Denn die Mädchen stehen drauf. Alle. Ohne Ausnahme.«

Wie recht er damit hatte, stellte unsere Fahrerin unter Beweis. Die nämlich sagte *hey, woher weißt du das?* und schickte ein Strahlen nach hinten, das einen gestandenen Schwerkriminellen dazu hätte bewegen können, hinfort als Parkwächter oder Bibelforscher zu arbeiten. Aber das war noch nicht alles. Nur einen Augenblick später beglückte sie uns mit folgender Frage: »Sagt mal, habt ihr nicht Lust, bei mir was zu essen und ein bisschen Wein zu trinken? Ihr könnt auch bei mir schlafen, wenn ihr wollt.«

Melzer und ich brauchten nur einen kurzen Blick zu wechseln. Es dunkelte bereits. Wir waren abgekämpft. Wir hatten Hunger und Durst. Vor allem aber war diese Conny echt hübsch. Die Chaostage würden auch morgen noch Action genug bieten. Wir stimmten zu.

Wie es sich für ein modernes Mädchen gehörte, lebte Conny in einer Wohngemeinschaft. Ihre beiden Mitbewohner nahmen sich erfreulicherweise eine Auszeit auf Teneriffa. *Erfreulicherweise* deshalb, weil Melzer und ich so die Gesellschaft unserer Gastgeberin ohne lästige Konkurrenz genießen durften. Die Einrichtung entsprach dem Zeitgeist: zusammengewürfelte Möbel, viele sicher vom Sperrmüll, Batiktücher an den Wänden, an der Klotür dieses berühmte Poster, auf dem Zappa mit heruntergelassenen Hosen auf der Toilettenschüssel zu sehen ist.

Wir aßen Kartoffelpuffer mit Apfelmus, nutzten zwischendurch die Badewanne, um uns den Schmutz aus den Poren zu schrubben, und tranken Rotwein. Dann sagte Conny: »Und jetzt gibt's noch was besonders Feines.«

Sie öffnete eine kleine Silberdose, auf deren Deckel ein Yin-und-Yang-Zeichen prangte. Im Innern präsentierten sich auf rotem Samt etwa zwölf bis fünfzehn wahrlich winzige, noch nicht mal stecknadelkopfgroße Kügelchen von grauer Farbe. Ich wusste instinktiv, was das war, auch wenn ich den Stoff vorher noch nie gesehen hatte. Und auch Melzer wusste Bescheid, das verriet die Art, wie er durch die Zähne pfiff. Graue Mikros, also Pillen, die eine extrem hohe Dosis LSD enthielten.

»Na, was denkt ihr? Werfen wir uns was ein?«

Die angenehme Mattigkeit, der schwere Wein (Melzer und ich waren Bier gewohnt), vor allem aber diese betörende Erscheinung, zu der die Hand mit der Dose gehörte – *natürlich* griffen wir zu. Wer hätte vor Conny schon als Schisser dastehen wollen?

Wir nahmen jeder eine Pille und spülten mit reichlich Wein nach.

Erst geschah lange Zeit nichts. Und ich dachte schon, das Zeug würde nichts taugen oder nicht anschlagen, weil mein Organismus nicht die nötigen Voraussetzungen mitbrachte; vergleichbar etwa mit der Sorte Mensch, die von Koffein müde wird. Aber dann sagte Melzer unvermittelt *zwischen Ebola und Flug-Alzheimer passt immer noch eine Scheibe Helmut Kohl* und ich konnte nicht mehr aufhören zu kichern. *Flug-Alzheimer*! Oh, Lord, hatte ich jemals etwas Witzigeres gehört? Mir war bis dahin gar nicht bewusst gewesen, dass Melzer ein derartiger Komiker war. Aber auch Connys Mund entsprangen ungeheuer erheiternde Dinge, zum Beispiel die Bemerkung, Melzer sähe, wenn er am Weinglas nippen würde, aus wie ein masturbierender Zierfisch. Wir kamen aus dem Lachen gar nicht mehr heraus, ja, oft genug gelang es einem von uns gerade noch, die erste Silbe zu formulieren, bevor alles wieder im nächsten Heiterkeitsanfall explodierte. Wir rangen nach Atemluft, wir hatten Schmerzen im Zwerchfell, aber dem Gackern und Wiehern konnten wir einfach keinen Einhalt gebieten. So ging das eine ganze Weile, bis sich irgendwann der weiße Pergamentschirm der Deckenlampe zu verformen begann. Der kreisrunde Ballon wurde zur Birne; auf dem Weiß zeigte sich ein Schattenspiel, das an Tetris erinnerte, wenn auch an eine Zeitlupenvariante. Zuerst war auch das noch witzig, aber dann begannen die Tetris-Steine eine Brille zu bilden, eine bedrohlich dunkle Hornbrille, während zeitgleich ein Flüstern einsetzte.

»Ich bin der Hammer. Der Wendehammer. Du bist ein geistiges und moralisches Nichts. Wende dich. Sieh dir die Wände an.«

Ich sah mir die Wände an. Und erblickte ... Wahlplakate mit dem Antlitz Helmut Kohls. Eins neben dem anderen. Vom Boden bis zur Decke. Heilige Scheiße, die hatten da nicht gehangen, als ich die Wohnung betreten hatte. Die hatten da auf gar keinen Fall gehangen!

Mich packte die nackte Angst. Und mit diesem Gefühl war ich nicht allein. Melzer schien Ähnliches oder noch Schlimmeres wahrzunehmen. Jedenfalls schrie er plötzlich: »Lasst mich! Lasst mich, ihr Teufel!«

In endloser Wiederholung. Minutenlang? Stundenlang? Ich hätte es nicht sagen können. Und dann schrie er nur noch Unverständliches. Schrie wie am Spieß. Wie ein Schwein, das vom Bolzenschussgerät des Schlachters nur unzureichend getroffen worden war.

Ich sah mich außerstande, ihm zu helfen, weil ich damit zu kämpfen hatte, dass die Wände, also die Plakate, also die monströse Fratze des Kanzlers, plötzlich bedrohlich näher rückten. Zum Glück hatte Conny in dieser Hinsicht noch Kapazitäten frei. Sie redete beruhigend auf meinen Gefährten ein, befahl ihm, konzentriert ein- und auszuatmen. Und als auch das nichts half, bugsierte sie ihn schließlich aus der Wohnküche, in der wir diese grausige Reise ins Unbekannte begonnen hatten.

Die plötzliche Stille linderte den Horror ein bisschen. Mit Betonung auf *ein bisschen.* Zwar wanderten die Wahlplakate wieder ein gutes Stück nach hinten, bekamen gar einen Stich ins Schemenhafte, dafür wurde die Stimme wieder lauter: »Klarmachen zur Wende! Alles in die Beichtkabinen. Und dann Abbitte leisten für Volk und Vaterland. Heil Wum! Heil Wendelin!«

Ich versuchte, diese Anweisungen zu überhören und an etwas anderes zu denken, zum Beispiel daran, wie ich beim Topfschlagen mal ein Matchboxauto mit Pferdeanhänger gewonnen hatte. Und irgendwann hatte ich mit dieser Taktik tatsächlich Erfolg. Nach einem gefühlten Jahrhundert ließen sowohl die Stimme als auch die visuellen Irritationen nach. Dafür hatte ich bald ein anderes Problem. Ich wollte unbedingt schlafen, konnte aber nicht. Zwar hatte ich es mir auf dem Sofa, auf dem zuvor Conny und Melzer gesessen hatten, einigermaßen gemütlich gemacht, aber mein Geist wollte sich einfach nicht abschalten lassen. Ich trank ein Glas Wein nach dem anderen, dezimierte Connys Tabakvorräte, als ob ich mich ins Guiness Buch der Rekorde hätte quarzen wollen, der regenbogenfarbene Flummi zwischen meinen Ohren aber hörte einfach nicht auf, hin- und herzuschnellen. Gedankenschleife um Gedankenschleife suchte mich heim, und wieder schien es ein ganzes Jahrhundert zu dauern, bis auch diese Hölle endlich durchwandert war.

Ich erwachte mit Schmerzen im Nacken und einer tauben Zunge. Mein Denkapparat sprang derart langsam an, dass man hätte meinen können, mein Gehirn wäre durch eine ausgestopfte Erdkröte ersetzt worden. Dessen ungeachtet war ich blitzschnell auf den Beinen. Denn ganz am Rand der trostlosen Favela, die sich in meinem Schädel angesiedelt hatte, flackerte eine einsame Leuchtreklame auf; die rot illuminierten Buchstaben bildeten ein Wort: *Chaostage.* Wir mussten los! Das Licht, das ins Zimmer fiel, ließ mich auf Nachmittag tippen – *später* Nachmittag.

Ich brauchte einen Moment, bis ich den Kampf gegen die Springerstiefel gewonnen hatte, dann griff ich mir meine Jacke und machte mich daran, Melzer einzusammeln. Lange suchen musste ich nicht. Mein Gefährte lag, den Kopf auf ihrer Schulter, im Bett unserer Gastgeberin. Er hatte die Augen geschlossen und den Mund weit geöffnet. Auch Conny schlief tief und fest. Beide waren, soweit die Bettdecke das erkennen ließ, nackt. Ob da noch was gelaufen war? Egal. Ich rüttelte Melzer unsanft an der Schulter.

»Ey, Alter! Wir müssen los.«

Er grunzte nur.

Ich stieß ihn heftiger an.

»Auf-wach-en!«

Ein weiteres Grunzen, unwilliger diesmal.

Ich schob Melzers linkes Augenlid nach oben und erblickte nichts als Weiß, so als hätte ich einen dieser blinden Seher vor mir, wie sie manchmal in italienischen Sandalenfilmen vorkamen. Der Blinde, mit dem ich mich hier auseinanderzusetzen hatte, war dazu noch taub, stumm und bewegungsunfähig. Ob ich wollte oder nicht, ich würde ihn zurücklassen müssen.

Auf einen Abschiedsgruß verzichtete ich. Was hätte ich auch schreiben sollen? Komm nach, du findest mich im Getümmel, Erkennungsmerkmal: Irokesenschnitt und Lederjacke?

Ich verließ das Haus und fragte mich zur Haltestelle durch. Ganz geheuer war mir dabei nicht. Nicht wenige derjenigen, die mir begegneten, hatten auffallend birnenförmige Gesichter. Auch in der Bahn fühlte ich mich alles andere als wohl – reichlich beengt, so ein Straßenbahnwaggon.

Als ich aber schließlich am Hauptbahnhof ausstieg, ließen sowohl die klaustrophobischen Anwandlungen nach, als auch die Furcht vor meinen Artgenossen. Zurückzuführen war das sicher auf die Unmengen an Adrenalin, die die Vorstellung freisetzte, gleich auf ganze Heerscharen entfesselter Punks aus allen Ecken des Kontinents zu treffen.

Aber verdammt, was war da los?! Da waren keine Punks, erst recht keine entfesselten. Das konnte doch nicht sein! Ich befand mich schließlich mitten in der Innenstadt. Waren das die Nachwirkungen des Trips? Eine Sinnestäuschung? Ein Flashback? Erst jetzt fiel mir auf, dass die Geschäfte geöffnet hatten. Ungewöhnlich für einen Sonntag.

Ich fragte den nächstbesten Passanten, welchen Tag wir hatten.

Der Angesprochene, Typ Geschichtslehrer mit Flakhelfer-

Vergangenheit, sah mich an wie die Nachgeburt eines Außerirdischen. Dann sagte er: »Montag. Montag der vierte Juli.«

Obwohl ich genau damit hatte rechnen müssen, traf mich die Auskunft ins Mark. Denn: Wie war das möglich? Wir waren doch schon am Freitag aufgebrochen? Hatten der Trip und der anschließende Schlaf derart viel Zeit gefressen? Es musste wohl so sein. Egal. Am Ende stand die niederschmetternde Erkenntnis, dass nicht einer aus unserer anfangs so vielköpfigen Meute den Chaostagen hatte beiwohnen dürfen. Vielleicht war es Vornefett gelungen. Aber eben nur vielleicht. Ich selbst jedenfalls hatte auf ganzer Linie versagt.

Trübsinnig lief ich durch die Passerelle, die innerstädtische Einkaufsmeile.

Hannover war nach wie vor das graue, zusammengewürfelte Jammertal aus Glas und Beton, das menschenfeindliche, architektonische Pickelface, das es schon immer gewesen war.

Ich kaufte mir ein Bier.*

---

* Wer nun wissen will, wie es dazu kommen konnte, dass Vornefett und Konsorten die Nacht in der freudlosen Zelle einer Autobahnwache verbringen mussten, erfährt dies im Roman »Vorkriegsjugend – 200 Gramm Punkrock«. Erschienen im Ventil Verlag.

DER KAPITALISMUS – WACHKOMAPATIENT 2020

Der Kapitalismus ist im Haus. Er ist in jeder Mauer, jedem Stein, jeder Fuge und er hat dir etwas mitgebracht: Ver-achtung! Ver-ach-tung! Ver-ach-tung!

Er ist der Zuhälter, der dir, kaum dass er dich zugeritten hat, ins Gesicht spuckt. Keine Sekunde später kommt er dir wieder mit Liebesschwüren, bevor er dir zweimal in kurzer Folge mit der flachen Hand auf die Ohren schlägt oder dir die Finger so weit überdehnt, dass du schreien möchtest (merke: Verletzungen möglichst unsichtbar halten).

ka wie kaputtmachen ist moralisch vertretbar, wenn es dem Wachstum dient

pi wie Pisse trinken würdet ihr alle, wenn nur das richtige Label draufklebt (*Astra*)

ta wie Tabletten halten den Laden zusammen

lis wie Listen führen ist wichtig

mus wie muss ja, muss ja gemacht werden, muss endlich angegangen, projektiert/hochgezogen, muss endlich gerodet/planiert/abgewickelt werden

muss sich dabei aber auch immer lohnen, muss sich rentieren, muss was abwerfen

Und damit es was abwirft, muss auch mal Ballast abgeworfen werden, Menschen zum Beispiel oder Ökosysteme. Aber das nur am Rande.

Hauptsache, alles wird zur Ware. Liebe, Arbeit, Sport, sogar der Widerstand, sogar die Revolten – ehe du dich versiehst, werden Bücher, Filme, Fernsehserien draus, ist es gerade dein Aufschrei gegen das Bestehende, der die Kassen klingeln lässt.

Von der Wiege bis zur Bahre – das wahre Leben ist das Leben als Ware:

Designerwickelkommode aus Buchenholz, gedämpft oder brasil gebeizt, mehrmals geölt, mit Griffblenden und Zierrohren aus Chrom für 2259 Euro

Edler Eichensarg in Marmoroptik mit Beleuchtung und Schallisolierung für 2195 Euro

Selbst an den Opfern der weltweiten Krisen und Kriege wird noch verdient. Die Nachfrage nach Wohncontainern ist hierzulande so hoch wie noch nie, die Preise entsprechend. Und wer nichts wird, wird Sicherheitsmann in einer Asylunterkunft, prügelt den *Wirtschaftsflüchtlingen*, den *Sozialschmarotzern*, den *verlotterten Kuffnucken* mal ein bisschen deutsche Ordnungsliebe in die Köpfe.

Keine Frage, der Kapitalismus ist ein Kapitalverbrechen. Mitschuldig sind du und ich und alle anderen, die das funkelnde, mit reichlich Bling-Bling verzierte Hamsterrad tagtäglich mit einem Elan vorantreiben, als ob ihr Leben davon abhinge.

Die Arbeitskraft verkaufen, die Kreativität verkaufen, die Lebenszeit verkaufen, gegen Markennamen eintauschen, gegen Must-haves eintauschen, gegen noch mehr Fun und Action eintauschen, noch mehr Megapixel, noch mehr Hubraum, noch mehr Style, den Trends hinterherjagen, den Zeitgeist erkennen, vor allem aber das Selbst optimieren, Schritte zählen, Kalorien zählen, Orgasmen zählen, Mitesser zählen, die Gehirnaktivität vermessen, damit auch dein Marktwert steigt, damit auch dein Konto aufgestockt wird mit Clicks und Likes und Followern und Kommentaren wie *richtig nice dein äußerer schräger Bauchmuskel.*

Traurig das Ganze, sicher. So traurig wie ein Pärchen in Fußballklamotten. Wie eine Schultüte voller Katzenstreu. Wie Oralverkehr mit einem IKEA-Regal.

Aber auch der Kapitalismus selbst ist nicht glücklich. »Die wenigsten mögen mich«, jammert er, »und das, obwohl sie alle einen ewigen Bund mit mir geschlossen haben.« Am liebsten würde er abdanken, nur: Wie willst du die letzten Meter bis ins Hospiz bewältigen, wenn Milliarden Hände dich festhalten? Selbst die, die wollen, können nicht loslassen.

Glücklicherweise ist Hilfe in Sicht. In Kürze kommt die Antikapitalismus-App – eine Kooperation von Apple, Sony und Microsoft mit Unterstützung des IWF. Nun sind all die Revoluzzer und Dissidenten, die Abweichler und Aufrührer, Weltverbesserer und Utopisten nicht länger auf ihre Instinkte angewiesen, sondern können mit verlässlichen Daten planen, zum Beispiel den nächsten Demo-Besuch. Die Frage, ob du dir beim Demonstrieren gegen *Staat, Nation und Kapital* die Füße lieber in Converse, Adidas oder New Balance wundlaufen möchtest, musst du dir allerdings immer noch selbst beantworten.

Wie es der Zufall will, triffst du nach einer dieser Demos just den Bullen, der dir, um Staat, Nation und Kapital zu schützen, keine drei Stunden zuvor aus einer Entfernung von gerademal fünf Zentimetern Pfeffer in die Fresse gejagt hat, in diesem übelst angesagten Burgerladen wieder. Dort ist natürlich alles *bio, regional und nachhaltig*. Und so schließt sich dann der Kreis. Denn nachhaltig ist er ja ebenfalls, der Kapitalismus, und zwar im Sinne von *sich auf längere Zeit stark auswirkend*, stark negativ auswirkend natürlich.

Was aber tun angesichts der Tatsache, dass es so schwer scheint, diesem üblen Untoten auch nur ansatzweise beizukommen?

Es gibt exakt drei Möglichkeiten:

1. Du ziehst tief in die Wälder (besser: in das, was von den Wäldern noch übrig ist) und ernährst dich hinfort von Eicheln und Bucheckern. (Ah, lecker Bucheckern-Marmelade!)

2. Du pflegst und hegst deine Verdrängungswerkzeuge und stopfst dich weiterhin mit Wodka, Dope und Onlinepoker voll. Mit Botox, Breaking Bad und Poweryoga.

Die dritte Möglichkeit liegt auf der Hand. So passgenau wie ein Pflasterstein.

Heb ihn auf und schlag ihn dir kräftig gegen die Stirn.

LOB UND PREIS DEM KOKAIN

Hund bellt
Bauarbeiter stemmbohrt
Kind weint
und du denkst
danke Kokain
hättest du mich nicht vom Schlafen abgehalten
wäre ich jetzt aufgewacht

REGISTER

VORKRIEGSJUGEND – IM SCHATTEN DER CHAOSTAGE (Mainz: Ventil Verlag, 2017)

ALLZU COURAGIERTE ARIER BLUTEN (in: Kein Versbreit den Faschisten, Diedorf: Unsichtbar Verlag, S. 68–73, 2019 und in: Black Cat Zine II, Potsdam, S. 76–79, September 2021)

SEX UND GELD (TUT-TUT #10, Köln, 2017 und in: Superbastard #7, Wien: Songdog Verlag, S. 39–41, 2017)

DAS GEFÜHL, DIE ZELLE FÄHRT (in: Blank – Magazin für Gesellschaft, Diskurs, Disko, Berlin, April 2009)

ALTERSWEISHEIT (in DreckSack, lesbare Zeitschrift für Literatur, 11. Jahrgang, Heft 3, Berlin, S. 17, Juli 2020)

BYE-BYE JUNGFERNHÄUTCHEN (in: Metastasen Mambo, gemeinsam mit Dirk Bernemann, Diedorf: Unsichtbar Verlag, S. 17–26, 2013)

AUTOKRATEN BRATEN! (TUT-TUT-Times, S. 2, Köln, 2021)

LOB DER INKONSEQUENZ (in: Fallobst in meinem Beautycase, Neuauflage, Dortmund: Rodneys Underground Press, S. 30, 2020)

DER KAPITALISMUS – WACHKOMAPATIENT 2020 (unter dem Titel »Der Kapitalismus – Wachkomapatient 2015« in: Wenn du eine tote Idee fickst, denk an Stalins Jungfernhäutchen, Diedorf: Unsichtbar Verlag, S. 14–20, 2015 und (gekürzt) als Track 12 auf dem Tonträger Venti von Chaoze One, Hamburg: Grand Hotel van Cleef, 2021)

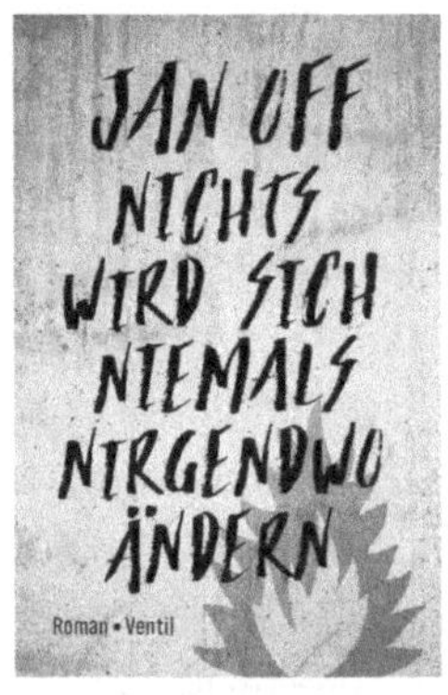

Jan Off
Nichts wird sich niemals nirgendwo ändern
Roman

Jan Off
Unzucht
Roman

Dirk Bernemann,
Jörg Mechenbier, Jan Off
Klara
Roman

Jan Off
Vorkriegsjugend
Roman

www.ventil-verlag.de